集刊 中国学术期刊（光盘版）全文收录期刊

东盟研究

ASEAN STUDIES

2021年第四辑（总第二十辑）

中国—东盟区域发展省部共建协同创新中心◎编

中国社会科学出版社

图书在版编目（CIP）数据

东盟研究．2021年．第四辑：总第二十辑／中国—东盟区域发展省部共建协同创新中心编．—北京：中国社会科学出版社，2021.12

ISBN 978－7－5227－0127－1

Ⅰ．①东… Ⅱ．①中… Ⅲ．①自由贸易区—区域经济发展—研究—中国、东南亚国家联盟 Ⅳ．①F752.733

中国版本图书馆CIP数据核字（2022）第064348号

出 版 人 赵剑英
责任编辑 陈雅慧
责任校对 刘 念
责任印制 戴 宽

出　　版 中国社会科学出版社
社　　址 北京鼓楼西大街甲158号
邮　　编 100720
网　　址 http://www.csspw.cn
发 行 部 010－84083685
门 市 部 010－84029450
经　　销 新华书店及其他书店

印　　刷 北京明恒达印务有限公司
装　　订 廊坊市广阳区广增装订厂
版　　次 2021年12月第1版
印　　次 2021年12月第1次印刷

开　　本 710×1000 1/16
印　　张 11.5
插　　页 2
字　　数 200千字
定　　价 68.00元

凡购买中国社会科学出版社图书，如有质量问题请与本社营销中心联系调换
电话：010－84083683

《东盟研究》编辑部

（原《中国—东盟研究》编辑部）

目录
CONTENTS

疫情研究

国别研究

区域合作

会议综述

附　录

Contents

COVID-19 Pandemic Research

Country Studies

Regional Cooperation

Conference Review

Appendix

疫情研究

COVID-19 Pandemic Research

新冠肺炎疫情背景下东盟对华经济态势现状及前景研究

周德铭

【摘要】新冠肺炎疫情的暴发给世界各国经济造成严重破坏，全球范围内的生产链与贸易链中断。在政府的不懈努力之下，中国疫情形势得到控制，率先复工复产，实现了经济的初步复苏。作为世界上第二大和亚洲最大的经济体，中国的经济复苏对周边经济体会产生巨大的溢出效应。近年来，中国和东盟之间的贸易往来日益密切，双边贸易密切度和贸易互补度不断提升，在疫情影响下，双方的经贸往来逆势上升，创下了新高，2020 年第一季度东盟超过美国和欧盟成为中国第一大贸易对象；在这种情况下，中国对东盟国家的经济复苏起着巨大的促进作用，双方在数字经济、物流交通、《区域全面经济伙伴关系协定》等领域的合作取得了新的进展，在区域及次区域合作不断加强的今天，双方在政治、经济、文化等方面均面临着广阔的合作前景和光明的未来。

【关键词】新冠肺炎疫情　产业链　《区域全面经济伙伴关系协定》

【作者简介】周德铭，广西大学中国—东盟信息港大数据研究院舆情助理。

截至 2020 年 6 月，大多数东盟国家新冠肺炎疫情已经处于可控范围之内，社交管制措施放松，经济活动开始走上复工复产的正轨。对于东盟国家来说，这次疫情既是挑战也是机遇，虽然疫情切断了全球供应链与产业链的传递，但区域化程度得到了加强。东盟作为一个新兴的经济联合体，有望在这次疫情之下争取自己的话语权，提升自己在供应链、产业链、贸易链中的地位。此外，由于东亚疫情控制得较好，东盟经济增长与产业发展将会迎来一次巨大的机会。

一　疫情对东盟经济的影响

截至 2020 年 6 月 10 日，东盟 10 个成员国共有 51024 例新冠肺炎确诊病例。[①] 为控制疫情，东盟国家采取严格的管控措施，导致国际航班大量取消，给东盟贸易及旅游业带来巨大冲击。隔离措施的施行使得工厂复工困难，生产力下降。社交管制措施的施行造成东盟国家市场萧条，国内总需求降低。疫情使得全球产业链断裂，造成东盟国家大量工厂的订单被取消，给东盟经济蒙上了深深的阴影。

（一）供应链中断造成的市场冲击与失业

在疫情冲击之下，东盟各国不得不采取一系列社交和经贸管制措施来应对疫情的蔓延，这不可避免地会对其国内的经济生产活动产生严重影响。同时世界各国严峻的疫情形势使得全球贸易链断裂。在国内经济社会活动受阻和国外贸易链断裂两种因素的共同影响之下，东盟国家的国内与国外需求均遭到了重大打击，致使制造业受到严重影响。世界上三个大的经济体美国、中国和欧盟在此次疫情中受到巨大冲击，这三个经济体也是东盟的主要贸易伙伴，在东盟货物贸易总额中所占比重达到 50.3%；[②] 日本、韩国和中国香港等东盟的其他重要贸易伙伴也受到了影响。供应链的中断使东盟国家产业的成品需求和原材料供应都出现了巨大问题，大量工厂与企业申请破产倒闭，造成了工人失业。据美国银行全球研究（BofA Global Research）的分析师预测，东盟 6 国（包括印尼、马来西亚、泰国、新加坡、菲律宾和越南）7% 的工人（约 2070 万人）可能因新冠肺炎疫情

---

① WHO, "WHO Coronavirus (COVID-19) Dashboard," https://covid19.who.int/, 登录时间：2020 年 6 月 15 日。

② 根据东盟秘书处官方网站数据整理得到，参见 The ASEAN Secretariat, "ASEAN Stats Data," https://data.aseanstats.org，登录时间：2020 年 6 月 15 日。

的影响而失业。[①] 2020 年 6 月 1 日，英国简氏集团（IHS Markit）发布的最新的制造业采购经理人指数（Purchasing Managers' Index，PMI）显示，随着产量和新订单进一步快速收缩，东盟制造业的经营状况已经连续第三个月恶化，6 月，东盟整体 PMI 为 43.7，依旧低于 50 的荣枯线。[②] 因为放松了一些限制措施，虽然东盟国家的工厂生产和订单量继续大幅下降，但降幅低于 4 月，企业产出预期较 4 月的最低点有所回升，不过仍在低点徘徊。虽然数据显示东盟国家的经济低迷已经在 4 月触底，但东盟制造业的复苏之路仍然漫长。

（二）金融市场波动巨大

由于供应链中断及各种封锁措施，大量企业停产甚至倒闭，失业率大幅上升，给企业和家庭的债务带来了更多的不确定性。疫情带来的不确定性还触发了资本的迅速外流，导致整个东盟区域内市场下挫和汇率大跌。印尼、菲律宾、泰国和越南等国市值蒸发大约 1/4。[③] 东盟境内主要货币也经历相当大的贬值，特别是泰铢、印尼盾和新加坡元。此外，金融市场的巨大波动给这几个东盟国家的基础设施建设带来了巨大挑战，尽管当前东南亚地区基础设施可持续发展所面临的问题不是缺乏项目，而是缺乏可融资的、被信用评级机构授予投资级的项目。

---

① 《东盟 6 国约 2100 万名劳动人员受新冠肺炎疫情的影响而失业》，越通社，2020 年 5 月 12 日，https://zh.vietnamplus.vn/%E4%B8%9C%E7%9B%9F6%E5%9B%BD%E7%BA%A62100%E4%B8%87%E5%90%8D%E5%8A%B3%E5%8A%A8%E4%BA%BA%E5%91%98%E5%8F%97%E6%96%B0%E5%86%A0%E8%82%BA%E7%82%8E%E7%96%AB%E6%83%85%E7%9A%84%E5%BD%B1%E5%93%8D%E8%80%8C%E5%A4%B1%E4%B8%9A/113935.vnp，登录时间：2020 年 6 月 15 日。

② Justin Lim, "ASEAN Manufacturing PMI Rises to Four-month High, but Remains in Contraction Territory," *The Edge Markets*, July 1, 2020, https://www.theedgemarkets.com/article/asean-manufacturing-pmi-rises-fourmonth-high-remains-contraction-territory，登录时间：2020 年 7 月 3 日。

③ 《东盟政策简报——新冠肺炎疫情对东盟的经济影响报告》（二），农业农村部对外经济合作中心，2020 年 4 月 28 日，http://www.fecc.agri.cn/gjhz/202004/t20200428_351202.html，登录时间：2020 年 6 月 15 日。

（三）旅游业复苏前景不明

自 2020 年 1 月疫情暴发以来，到访东盟地区的中国游客数量已降至历史最低水平。2020 年 3 月，疫情蔓延至欧洲和北美，到访该地区的其他国家游客也受到影响。根据联合国世界旅游组织（World Tourism Organization）的数据，东南亚旅游业是仅次于东北亚的全球第二大受影响地区，其中柬埔寨是受疫情影响最大的国家，预计 2020 年其旅游业将萎缩约 60%。截至 2020 年 5 月 8 日，柬埔寨全国有 2956 家旅游企业关门，约 45404 名职员失业。[①] 泰国旅游业同样深受疫情的影响，2020 年 4 月和 5 月到泰国旅游的外国游客数量为零，1—5 月，入境泰国的外国游客数量较 2019 年同期减少 1002 万人次，降幅达 59.97%。泰国入境旅游的总收入为 3320 亿泰铢（约合 737 亿元人民币），同比下降 59.57%。[②] 在联合国世界旅游组织发布的报告中，接受调查的大多数专家预计，国际旅游业将于 2021 年开始复苏[③]，但要恢复至 2019 年的水准，可能需要 2.5—4 年时间。[④]

二　中国经济复苏对东盟国家的溢出效应

虽然疫情对中国的生产生活造成了巨大的影响，但是得益于中国政府强有力的管控和预防手段，中国境内的疫情已经得到控制。2020 年 4 月，中国部分地区已经开始复工复产，5 月，大部分地区已经开始进入常态化。为了弥补受疫情影响而下滑的经济，中国政府制订了一系列经济刺激计划来恢复社会需求和产出。中国是东盟重要的经济伙伴，在全世界发达经济体经济遭受急剧下滑之际，中国是唯一一个需求仍在增长的国家。因此，

---

① 《柬埔寨旅游业损失惨重，暹粒近 80% 酒店关门》，东博社，2020 年 6 月 7 日，https://www.sohu.com/a/400289423_402008，登录时间：2020 年 6 月 15 日。

② 《泰国今年前 5 个月入境游客同比下降六成》，中国新闻网，2020 年 6 月 10 日，http://www.chinanews.com/gj/2020/06-10/9208852.shtml，登录时间：2020 年 6 月 15 日。

③ UNWTO, "International Tourist Numbers Could Fall 60% - 80% in 2020, UNWTO Reports," May 7, 2020, https://www.unwto.org/news/covid-19-international-tourist-numbers-could-fall-60-80-in-2020，登录时间：2020 年 6 月 15 日。

④ UNWTO, "International Tourist Numbers down 65% in First Half of 2020, UNWTO Reports," September 15, 2020, https://www.unwto.org/news/international-tourist-numbers-down-65-in-first-half-of-2020-unwto-reports，登录时间：2020 年 9 月 15 日。

中国经济的复苏带来了国内需求的大幅增长，进而导致对东盟商品和制成品的需求增加，同时对东亚经济圈内的商品价格和商业信心起到了巨大的提振作用，铁矿石、煤炭和铜等大宗商品的价格已经随着中国经济的复苏而上升。

（一）中国与东盟高度的贸易结合度与互补度

中国与东盟的贸易关系一直相当密切，具体体现在两个方面：一是较高的贸易结合度；二是较高的贸易互补度。

1. 贸易结合度

贸易结合度指数（Trade Combination Degree，TCD）最早由经济学家A. J. Brown在1947年提出，1958年经过日本学者小岛清（Kiyoshi Kojima）完善之后，证明其在经济学与数理统计学上的实际意义。

$$TCD_{ab} = \frac{E_{ab}}{E_a} / \frac{X_b}{X_w}$$

其中，E_{ab} 代表的是a国对b国出口，E_a 代表a国出口总额，X_b 代表b国进口总额，X_w 代表世界进口总额。因此 TCD_{ab} 代表的是a国对b国的出口占比与b国贸易体量之间的比值关系，即排除了b国国内经济发展情况之后a国对b国出口占比，反映了a国与b国的出口贸易结合度，用来衡量两国或两个区域之间在贸易方面的相互依存度。在理想的情形之下，该值应该为1，即按照各国经济体量与其进行贸易，一旦大于1，则证明两国之间贸易关系比较密切。

表1　　2018—2019年东盟各国与中国进出口贸易结合度

国家＼年度	中国出口		中国进口	
	2018	2019	2018	2019
文莱	3. 0545	0. 9826	0. 3326	0. 5650
柬埔寨	2. 7399	3. 1203	0. 6304	0. 6339
印尼	1. 8257	2. 0563	1. 4053	1. 5456
老挝	1. 9833	2. 3455	0. 3972	2. 6681
马来西亚	1. 6606	1. 9631	1. 2915	1. 3116
缅甸	4. 3471	5. 1127	3. 1109	2. 9421

续表

年度 国家	中国出口		中国进口	
	2018	2019	2018	2019
菲律宾	2. 3486	2. 6795	1. 1861	1. 2825
新加坡	1. 0554	1. 1768	1. 1412	1. 2255
泰国	1. 7818	1. 4833	1. 1063	1. 0982
越南	2. 8247	2. 9793	1. 5826	1. 4514

资料来源：联合国贸易数据库。

表2　　**2015—2019年东盟整体与中国进出口贸易结合度**

	2015	2016	2017	2018	2019
中国对东盟出口贸易结合度	1. 85	1. 82	1. 78	1. 85	1. 99
中国自东盟进口贸易结合度	1. 24	1. 28	1. 38	1. 28	1. 32
中国—东盟贸易结合度	1. 60	1. 59	1. 60	1. 59	1. 70

资料来源：联合国贸易数据库。

使用2018年与2019年的贸易统计数据所计算的东盟各国与中国进出口的贸易结合度如表1所示。可以看出，2018年与2019年，东盟各国与中国的贸易结合无论是进口还是出口均高于1，即大于其经济体量应占的贸易比例，代表着中国和东盟国家彼此的贸易密切度高于世界平均水平，也高于中国与其余大部分国家的密切度。中国与东盟整体贸易结合度如表2所示，从整体来看，中国与东盟的贸易结合度呈上升趋势，且上升速度越来越快。2019年，中国与东盟的贸易结合度升至1.7，处于极为密切范围的边缘，证明双方贸易往来密切度已经相当高，这主要源于中国与印尼、马来西亚、泰国以及越南近几年来贸易密切度的不断提高。其中，越南与中国的贸易密切度上升势头强劲，2015年以来上升幅度较大，这得益于越南国内制造业发展迅速，中越双方贸易体量剧增，近年来，越南已成为中国在东盟第一大贸易伙伴。此外，中国与东盟区域内经济体量较大的马来西亚和印尼两国的贸易密切度也实现了较大幅度的上升；越南、马来西亚、印尼三国也是中国在东盟国家的主要贸易对象，中国与这三国贸易密切度的加强对中国东盟整体贸易密切度的提升有较大贡献。2019年，中国自越南、马来西亚和印尼三国进口额占中国自东盟总进口额的60%，中国对这三国出口占中国对东盟总出口的54.5%。[①]

2. 贸易互补度

贸易互补度即贸易互补指数（Trade Complementarity Index，TCI）是衡量一个国家或地区与另外一个国家或地区贸易互补关系紧密程度的一个指标，由一国的贸易比较优势和另一国的贸易比较劣势合成，其代表的是一国拥有某种商品和另一国缺少某种商品的程度。

$$TCI_{ab} = \sum_{k} \frac{T_{ab}^{k}}{T_{ab}} \times TCI_{ab}^{k}$$

其中，T_{ab}^{k} 为 a 国对 b 国 k 类产品出口贸易总额，T_{ab} 为 a 国对 b 国出口贸易总额。

$$TCI_{ab}^{k} = RCA_{ea}^{k} \times RCA_{xb}^{k}$$

其中，RCA_{ea}^{k} 代表 a 国 k 类产品的贸易比较优势，$RCA_{ea}^{k} = \frac{E_{a}^{k}}{E_{a}} \Big/ \frac{E_{w}^{k}}{E_{w}}$，其中 $\frac{E_{a}^{k}}{E_{a}}$ 代表 a 国 k 类产品占 a 国总出口的比重，衡量 k 类产品在 a 国国内生产比重与优势，该数值越大则证明 a 国在 k 类产品生产方面的优势越大；$\frac{E_{w}^{k}}{E_{w}}$ 代表世界上 k 类产品出口占世界总出口的比重，衡量的是 k 类产品在整个世界贸易体系中的比较优势，该数值越大，则该产品的世界需求量越大，其优势越大。RCA_{xb}^{k} 代表的是 b 国 k 类产品的贸易比较劣势，$RCA_{xb}^{k} = \frac{X_{b}^{k}}{X_{b}} \Big/ \frac{X_{w}^{k}}{X_{w}}$，用 b 国关于 k 类产品的进口来衡量，$\frac{X_{b}^{k}}{X_{b}}$ 代表的是 k 类产品在 b 国的需求度，$\frac{X_{w}^{k}}{X_{w}}$ 代表的是 k 类产品在全世界的需求度。

表 3　　2018—2019 年东盟各国与中国进出口贸易互补度

国家＼年度	中国出口		中国进口	
	2018	2019	2018	2019
文莱	1.1930	1.1589	6.2524	10.5059
柬埔寨	1.9386	1.4662	3.8560	4.4067

① 根据中国海关总署官方数据库数据整理得到，参见海关统计数据在线查询平台，http://43.248.49.97/，登录时间：2020 年 6 月 15 日。

续表

年度 国家	中国出口		中国进口	
	2018	2019	2018	2019
印尼	0.9288	0.9646	3.9982	4.6165
老挝	1.0237	0.9791	3.0111	3.0423
马来西亚	1.0965	1.0538	1.9418	1.9669
缅甸	0.8495	0.8829	2.3551	3.0951
菲律宾	0.9165	0.9274	2.2227	2.1684
新加坡	1.5421	1.4383	1.6534	1.5874
泰国	0.9564	0.9766	1.4605	1.4729
越南	1.2130	1.2071	1.6548	1.5838

资料来源：联合国贸易数据库。

表 4　　2015—2019 年东盟整体与中国进出口贸易互补度

	2015	2016	2017	2018	2019
中国出口贸易互补度	0.98	1.03	1.04	1.04	1.04
中国进口贸易互补度	1.53	1.51	1.47	1.43	1.45
进出口贸易互补度	1.21	1.24	1.24	1.23	1.25

资料来源：联合国贸易数据库。

使用 2018 年与 2019 年的贸易统计数据所计算的东盟各国与中国进出口的贸易互补度如表 3 所示，可以看出，东盟国家与中国的贸易互补程度较高，特别是与文莱、柬埔寨、印尼、老挝等国的互补程度，远超世界平均水平。中国与东盟整体的贸易互补度如表 4 所示，从整体上看，无论是中国对东盟整体出口贸易互补还是中国自东盟整体进口贸易互补，均高于世界平均水平 1，说明中国与东盟进出口贸易互补度较高。从中国进出口的区别来看，东盟对中国出口贸易互补度远高于中国对东盟出口贸易互补度，说明中国对东盟国家的进口互补性较强，东盟对中国的出口贸易依赖度较高，中国市场对东盟来说重要性很高。从年度变化趋势上看，2015—2017 年该指数增长缓慢，2018 年呈现小幅下降趋势，2019 年重回增长态势，升至 1.25，为近五年来的最高值。此外，与 2018 年相比，2019 年中国与文莱、柬埔寨、印尼、老挝、缅甸、马来西亚、泰国 7 国贸易互补指数出现不同程度的上升，与剩余东盟国家的贸易互补指数略有下降，但总体变化幅度较小。

（二）中国与东盟贸易往来逆势增长

自疫情发生以来，世界各国经济均受到了不同程度的影响，彼此的贸易往来也大幅下降，全球化格局下所形成的贸易链、供应链甚至开始出现断裂。然而，中国与东盟的贸易往来却出现了逆势增长。[①] 由于与中国毗邻，在全球普遍施行管制措施的情况下，东南亚地区相较于其他地区而言，在贸易上具备巨大的物流优势，中国与东南亚国家的贸易量因此逆势增加。

因疫情导致全球贸易中断，2020 年第一季度，中国向世界其他国家出口了 4780 亿美元的商品[②]，比 2019 年第一季度下降了 13%，其中约 14% 的中国出口商品被运往美国。虽然美国仍是中国最大的单一出口市场，但这是过去 15 年里所占份额最低的一年。东盟许多国家都是快速增长的经济体，随着美国与中国贸易往来的下降，中国与东盟双边贸易得以迅速增长，在 2020 年第一季度，东盟市场占中国出口的近 16%。其中，中国对越南的出口增长最快。随着越南国内工业化进程的不断发展，国内经济体量增长迅速，越南从中国进口商品的金额从 2001 年的 10 亿美元增加到 2019 年的 600 多亿美元。

2020 年 6 月 11 日，中国商务部新闻发言人高峰表示，2020 年前 5 个月，中国与东盟进出口总额超 1.7 万亿元人民币，同比增长 4.2%，其中对东盟出口达 9366.2 亿元人民币，增长 2.8%，自东盟进口达 7598.6 亿元人民币，增长 6%，均高于同期中国对外贸易的整体增速。[③]

此外，2020 年 1—4 月中国对东盟非金融类直接投资额达 39.4 亿美元，同比增幅高达 43.3%，是中国对“一带一路”沿线 53 个国家投资额

---

① 《度量“一带一路”（4 月） 外贸韧性十足，中国—东盟合作深化》，中国贸易新闻网，2020 年 6 月 3 日，https://www.chinatradenews.com.cn/content/202006/03/c110266.html，登录时间：2020 年 6 月 15 日。

② 根据中国海关总署官方数据库数据整理得到，参见海关统计数据在线查询平台，http://43.248.49.97/，登录时间：2020 年 6 月 15 日。

③ 《商务部：东盟成中国第一大贸易伙伴 体现双方潜力韧性》，人民网，2020 年 6 月 11 日，http://finance.people.com.cn/n1/2020/0611/c1004-31743704.html，登录时间：2020 年 6 月 15 日。

增速的 3 倍以上；同期，东盟对华实际投资金额同比增长 13%。在前 4 个月中国实际使用外资金额整体缩水 6.1% 的背景下这些数据相当亮眼。①

三　中国与东盟合作进展

近年来，中国与东盟的合作逐步深化。在疫情肆虐的背景下，中国与东盟往来不但没有中断，反而逆势增长，合作进一步深化。

（一）开辟物流新通道，中欧班列正式发车

2020 年 5 月 26 日下午，由中国长三角地区发往东盟国家的首个国际货运班列——中欧班列从中铁上海局海安物流基地正式发车，该趟班列从海安出发后，将沿中欧班列南线通道从广西凭祥口岸出境，全程 2300 千米，班列全程运行 5 天左右。比海运节约一半时间，有效降低物流成本。为“南通制造”服务“一带一路”建设、长三角与东盟经贸合作开辟物流新通道。②

（二）东盟与中日韩（10+3）会议达成共识

2020 年 6 月 4 日，东盟与中日韩三国以线上会议的形式召开抗击新冠肺炎疫情经贸部长特别会议，重点就加强疫情之下各方经贸合作、共同应对疫情挑战并携手战胜疫情、一致努力恢复本地区经济活力等内容开展了广泛深入的讨论并达成了一系列共识。会议还通过并发表了《东盟与中日韩（10+3）经贸部长关于缓解新冠肺炎疫情对经济影响的联合声明》，为提振东亚地区经济注入了一剂强心针。③

---

① 《提速产业链供应链整合 中国与东盟双向投资劲增》，中国新闻网，2020 年 6 月 3 日，http://www.chinanews.com/cj/2020/06-03/9202640.shtml，登录时间：2020 年 6 月 15 日。

② 《长三角与东盟经贸合作开辟物流新通道 中欧班列（海安—东盟）正式发车》，南通广播电视台，2020 年 5 月 26 日，https://www.ntjoy.com/html/tongchengkuaixun/2020/0526/198004.shtml，登录时间：2020 年 6 月 15 日。

③ 《东盟与中日韩抗击新冠肺炎疫情经贸部长特别视频会议举行》，人民网，2020 年 6 月 7 日，http://world.people.com.cn/n1/2020/0607/c1002-31737691.html，登录时间：2020 年 6 月 15 日。

（三）《区域全面经济伙伴关系协定》洽谈取得巨大进展

2012 年发起的《区域全面经济伙伴关系协定》（Regional Comprehensive Economic Partnership，RCEP）谈判取得巨大进展，在 2020 年 6 月 4 日的经贸部长特别会议上，各国一致同意持续推进区域经济一体化合作，并表示区域一体化和经济全球化是大势所趋，不会因为疫情而停下脚步。“10 +3”国家将按照领导人的指示精神，密切协调配合，争取年内达成《区域全面经济伙伴关系协定》，加强贸易投资便利化合作，促进跨境贸易投资发展。①

（四）数字经济合作不断深化

在新冠肺炎疫情防控形势依然严峻复杂的背景下，电子商务和数字经济被视为重要的“救生衣”，助力企业促进出口及扩大与合作伙伴的贸易往来。2020 年 6 月 12 日，2020 年中国—东盟数字经济合作年开幕式通过网络视频形式举行，主题为“集智聚力共战疫 互利共赢同发展”②。中国提出要深化数字技术在防疫抗疫和复工复产中的应用、强化双方数字基础设施建设方面的合作，推进网络安全务实合作，共同维护产业链供应链稳定和深化网络空间合作治理。

四　东盟对华经济态势前景展望

新冠肺炎疫情的暴发不但没有中断中国与东盟之间的经贸交流，反而进一步加快了区域经济一体化的步伐。在疫情影响之下，中国和东盟之间的经贸合作关系不断深化，双方经贸往来更加密切，区域内供应链、价值

---

① 《达成共识！东盟与中日韩（10 +3）争取年内达成 RCEP》，中国经济网，2020 年 6 月 5 日，http：//www. ce. cn/xwzx/gnsz/gdxw/202006/05/t20200605_ 35055310. shtml，登录时间：2020 年 6 月 15 日。

② 《2020 年中国—东盟数字经济合作年开幕》，搜狐网，2020 年 6 月 12 日，https：//www. sohu. com/a/401460973_ 123753？_ trans_ =000014_ bdss_ dknfqjy，登录时间：2020 年 6 月 15 日。

链网络构建日趋完善，数字经济、产能合作等一系列新兴领域内的合作计划正陆续展开，中国—东盟自由贸易区合作内容更加全面，合作范围不断扩大。

从中国—东盟双边贸易现状来看，近年来，中国和东盟之间的贸易体量不断扩大，贸易密切度与贸易活力明显增强；双方贸易互补度也有不同程度增加，双方市场对彼此的重要性不断增大。东盟和中国一直有着相当密切的经贸合作关系，从互补性角度来看，两者之间合作前景巨大。在疫情发生之后，两者在医疗卫生和经济复苏方面互帮互助，大大加深了彼此之间的友谊。中国经济的率先复苏和其巨大的经济体量使得中国成为现在全球局势之下唯一的经济增长点，其国内巨大的需求增长和生产规模使其有望拉动整个东亚地区经济率先复苏。

为借助中国经济复苏的驱动力推动自身疫情防控和发展经济，东盟国家对于和中国之间开展各方面合作的需求巨大，究其原因，一是为搭上中国经济复苏的便车，拉动自身国内的产业增长和经济复苏；二是趁着成为中国第一大贸易伙伴的势头进一步开拓中国市场；三是为利用中国供给侧结构性改革形势下产业链调整的机遇促进本地区产业升级。因此，中国和东盟合作潜力巨大，双方既有着同源的文化理念，又有着坚实的合作基础，在政治、经济、文化等方面均面临着广阔的合作前景和光明的未来。

然而，目前复杂的国际形势以及《区域全面经济伙伴关系协定》的签署等使得东盟在国际上具有独特的地位，美日等国的产业从中国外移，中国的贸易也要寻找新的出路，这些都会使东盟地区成为独特的桥梁和连接区域，东盟可以借此谋求在亚太地区的经贸中心地位。此外，就中国和东盟的双边经贸往来关系和中国与东盟双边贸易互补性程度来看，中国进口的互补性明显高于中国出口的互补性，且资源需求较高，说明中国和东盟之间的产业结构并没有完美契合，要做到区域内资源更加合理地分配尚存在进一步调整磨合的空间。因此，中国在与东盟的竞争及合作中，需要突出自身优势，把握双边共识，夯实合作基础，进一步完善区域内产业链网络，打造最有利于产业发展和经济增长的区域合作典范。

The Study on the Current Situation and Prospect of ASEAN's Economic Situation towards China in the Context of the COVID-19

Zhou Deming

Abstract The outbreak of the COVID-19 has caused serious damage to the economies of all countries in the world, the production chain and trade chain have been interrupted worldwide. With the unremitting efforts of the Chinese government, now the pandemic situation in China is under control. China took the lead in resuming work and production, which brought the initial economic recovery. As the second largest economy in the world and the largest economy in Asia, China's economic recovery will cause a huge spillover effect on the neighboring economies. In recent years, trade exchanges between China and ASEAN have become increasingly close, and the degree of bilateral trade closeness and trade complementarity have been continuously improved. Under the influence of the COVID-19, the economy and trade exchanges between the China and ASEAN have increased against the downward trend and even reached a new high. In the first quarter of 2020, ASEAN surpassed the United States and the European Union to become China's largest trade partner. Under such circumstances, China's economic recovery has played a great role in promoting ASEAN's economic recovery. The two sides have reached a series of cooperation on digital economy, logistics and transportation, RCEP and so on. Today, with the continuous strengthening of regional and sub-regional cooperation, China and ASEAN are facing a bright future for cooperation in politics, economy, and culture.

Key Words COVID-19; Industrial Chain; RCEP

Author Zhou Deming, Public Opinion Research Assistant, China-ASEAN Information Harbor Institute of Big Data Research, Guangxi University

传播学视域下老挝“第59号确诊者”被网络暴力的原因和治理对策分析

张梦贤

【摘要】2021年4月，老挝第二波新冠肺炎疫情暴发，在短短10多天内，确诊人数翻了十几倍。老挝官方通过初步流行病学调查发现，本次疫情暴发与“第59号确诊者”有密切关系，一时间“第59号确诊者”的话题成为老挝网络热议的焦点，该名确诊者的个人信息被网友人肉搜索，并在各大社交媒体平台迅速传播。因其行动轨迹所涉及的娱乐场所较多，不少网民将对疫情的恐慌上升为对该确诊者个人私生活的指指点点，甚至对其进行无端谩骂，助长网络暴力言论的蔓延。本文基于老挝“第59号确诊者”被网络暴力这一事件，从传播学的视域出发，分析本次网络暴力事件产生的原因，并提出应对措施及建议。

【关键词】传播学　老挝　网络　暴力

【作者简介】张梦贤，广西大学中国—东盟信息港大数据研究院舆情助理。

一　引言

网络暴力是指在网络空间中网络用户或者网络服务提供者对真实的或者虚假的事实进行恶意造谣、传播，对他人进行恶性道德批判、辱骂、侮辱等语言攻击；未经权利人同意，利用人肉搜索等方式泄露他人隐私，迫使当事人因心理压力而屈服，给他人造成直接或间接损失的行为。①

2021 年 4 月 20 日，老挝首都万象市新增 2 例新冠肺炎疫情确诊病例，其中“第 59 号确诊者”为本土病例，是一名 25 岁的女大学生。② 4 月 21 日，老挝新增确诊病例 28 例，创下新冠肺炎疫情暴发以来单日新增确诊病例最高纪录。自老挝第二波新冠肺炎疫情暴发以来，在短短 10 多天内，确诊人数翻了十几倍。第二波新冠肺炎疫情将老挝几百万人的生活和工作秩序彻底打乱，这场突如其来的疫情引发了网络舆论的高度关注。在疫情期间，网络成为舆论的发酵地与反应场，热点频出，热度居高不下。在老挝，对“第 59 号确诊者”的网络暴力成为新的“信息疫情”③。在这场疫情中，许多人都受到主流网络舆论的引导和民间网络舆论的影响。新兴技术把人们带入新媒体时代，网络狂欢④吸引了全民围观，从而产生许多为了吸引眼球或宣泄自我情绪的“施暴者”。5 月 17 日，老挝卫生部治疗与康复司司长班特（ບົວເຫບ ພູມິນ）表示，截至 5 月 17 日，老挝确诊感染新冠肺炎病毒但无法取得联系的人已经高达 48 位。这些确诊者不敢现身配合医院治疗，不只是出于自身的原因，更重要的还有社会给予这些确诊者的巨大舆论压力。班特呼吁广大民众停止对这些确诊者的指责和咒骂，以免给这群不幸者带来精神和心理上更大的伤害。⑤

当时老挝网络舆论呈现出复杂态势，时刻潜伏着舆情风险，只有全面把握好老挝网络暴力形成的原因，加强网络舆论引导，才有助于及时化解

① 崔一涵：《新冠肺炎疫情背景下“信息疫情”应对策略——以“成都女孩”被网络暴力事件为例》，《新闻研究导刊》2021 年第 9 期，第 121—122 页。

② 《东南亚地区新冠肺炎疫情快速蔓延》，越南通讯社，2021 年 4 月 21 日，https：//zh. vietnamplus. vn/% E4% B8%9C% E5%8D%97% E4% BA%9A% E5%9C% B0% E5%8C% BA% E6%96% B0% E5% 86% A0% E7% 96% AB% E6% 83% 85% E5% BF% AB% E9% 80% 9F% E8%94%93% E5% BB% B6/138293. vnp，登录时间：2021 年 5 月 1 日。

③ 信息疫情（infodemic）是“信息”（information）和“传染病”（epidemic）的组合词。该词最早在 2003 年 SARS 暴发期间由戴维・罗特科普夫提出，主要指当新闻、互联网和社交媒体等发生不受控的传播时，大量关于危机、争议和特殊事件的资讯在未加证实的情况下激增，从而加剧公众猜测和焦虑的现象。新冠肺炎疫情及其衍生的“信息疫情”，是当前影响全球经济社会发展的两种“大流行”。参见梅鹏超、苏坤、胡忆琦《重大突发安全事件中的“信息疫情”风险和防治策略——基于新冠肺炎疫情的观察思考》，《重庆邮电大学学报》（社会科学版）2021 年第 9 期，第 1—2 页。

④ “网络狂欢”一词，在传播学中是指在网络所构建的虚拟世界里发生的有巨大影响力的、引起“众声喧哗”的网络现象。

⑤ Laophattana News，“ເຫດຜົນໃດທີ່ຜູ້ຕິດເຊື້ອບໍ່ທັນຕື່ນຕົວສະເໜີໂຕຫຼື ບໍ່ກ້າອອກມາຍ້ອນໜ້າອາຍ ຍ້ອນສັງຄົມບໍ່ໃຫ້ໂອກາດ”，April 2021，https：//www. laophattananews. com/，登录时间：2021 年 5 月 10 日。

潜在的社会风险，动员社会力量，凝聚社会共识，强化国民战胜疫情的信心。鉴于此，本文将对“第 59 号确诊者”被网络暴力的事件始末进行梳理，并从传播学的视域出发，运用传播学理论分析本次网络暴力事件形成的原因，并提出相应的建议与对策。

二 “第 59 号确诊者”事件概述

（一）“第 59 号确诊者”事件背景

2020 年 3 月 24 日，老挝首次出现新冠肺炎疫情确诊病例，政府采取了一系列严格的措施全力抗疫，仅用短短两三个月的时间就控制住第一波新冠肺炎疫情，人们恢复了正常的生产生活秩序。一年多来，除了有零星的境外输入病例外，老挝疫情防控形势一直稳中向好，成为东盟乃至全球确诊人数较少的国家之一。《东盟邮报》（*The ASEAN Post*）的数据显示，截至 2021 年 3 月 26 日，老挝的确诊人数在东盟国家中仍然是最少的（参见表 1）。

表 1　**东盟国家新冠肺炎疫情确诊和死亡病例数**

（截至 2021 年 3 月 31 日）　（人）

国家	总确诊数	新增确诊数	总死亡数	新增死亡数	总治愈数	疑似病例
印度尼西亚	1476452	待公布	39983	待公布	1312543	123926
菲律宾	693048	8773	13095	56	580062	99891
马来西亚	338168	1360	1248	2	322416	14504
缅甸	142315	23	3204	0	131774	7337
新加坡	60253	17	30	0	60078	145
泰国	28443	97	92	0	26946	1405
越南	2576	0	35	0	2265	272
柬埔寨	1872	55	7	2	1056	811
文莱	206	0	3	0	188	15
老挝	49	0	0	0	45	4
东盟	2743382	10325	57697	60	2437373	248310

资料来源：《东盟邮报》。

由于老挝与中国、越南、缅甸、柬埔寨和泰国五个国家接壤，面对周边邻国不断严峻的疫情形势，仍然潜藏着较高的疫情二次暴发风险和巨大的防控压力。针对零星的确诊病例，网上出现了一些不和谐的声音，民间舆论开始出现对确诊病例的肆意猜测和恶意评论。此外，民众还通过人肉搜索曝光他人隐私，掀起全民围观的网络狂欢，在新冠肺炎疫情背景下，网络暴力成为新的“疫情”。

（二）“第59号确诊者”事件导火索

2021年4月20日，“老挝新增2例新冠肺炎疫情本土确诊病例”的消息引起民众的关注。与以往不同的是，“第59号确诊者”为本土病例，当这名25岁老挝籍女孩的流调信息被公布出来后，该病例被推上了舆论的风口浪尖。根据老挝官方发布的信息，该病例在新年期间，与姐姐一同带领两名偷渡至老挝的泰国籍男子在12天内流连于沙湾拿吉省（Savannakhet）和首都万象市（Viantiane）各大区域的多个娱乐场所（参见表2），足迹遍及寺庙、餐厅、KTV和酒吧等地。后来这两名男子再次偷渡回国后被证实为新冠肺炎病毒感染者。该病例活动范围广，流调难度大，为老挝疫情防控工作带来前所未有的挑战。尽管“第59号确诊者”第一时间在Facebook平台发布视频进行解释和道歉，表示自己对两名泰国籍男子为新冠肺炎病毒感染者并不知情，同时也不希望这样的事情发生，希望得到公众的谅解。许多老挝人出于对自己身体健康的担忧和疫情二次暴发的恐慌，向第59号确诊病例发泄自己内心的愤怒，而其他担忧被孤立、保持沉默的民众受传播学中“沉默的螺旋”① 的影响，在从众心理的驱使下，不是去弄清事情的真相，进行理智的思考和清晰的逻辑判断，而是不自觉地选择从众，加入“施暴者”的队列。

① 沉默的螺旋：传播学中的一个概念，是指个人意见的表达是一个社会心理的过程，个人在表明观点前要对周围的意见进行观察，自己的意见与大多数人意见相近则倾向于附和，相反则沉默。意见的表达和“沉默”的扩散是一个螺旋式的社会传播过程，一方沉默造成另一方的意见增势。由于受到群体压力而改变自我态度的人越来越多，使得多数人持有的意见增势越来越强，迫使更多持不同意见的人继续保持沉默或者继而转变态度追随支配者的意见。参见郭庆光《传播学教程》，中国人民大学出版社2011年版，第199—202页。

表 2　　**第 59 号确诊病例活动轨迹**

日期	活动轨迹
4 月 6 日	两名泰国男子偷渡入境老挝后，第 59 号病例在沙湾拿吉省的姐姐家接两人到 KTV 唱歌，后三人于当晚乘车去万象市
4 月 7 日	三人抵达万象市，到 8118 KTV 唱歌，随后在卡佩酒店（ໂຮງແຮມເຈືອງ 2）入住
4 月 8 日	第 59 号病例与三人结伴去西蒙寺（ວັດສີເມືອງ）后，返回酒店
4 月 9 日	第 59 号病例去万象学院（Viantiane College）学习英文；晚上 8 点第 59 号病例接三人到 Funny89 餐厅吃饭，最后送三人回酒店
4 月 10 日	第 59 号病例未与三人见面
4 月 11 日	第 59 号病例未与三人见面，但据说去了 What Club 酒吧
4 月 12 日	第 59 号病例下午 1 点去酒店接两人外出活动，其中一名泰国男子声称不舒服没有与其见面。下午 3 点至 4 点，第 59 号病例与另外两人去塔銮（That Luang）附近的 1111 按摩店按摩，4 点 30 分至 5 点到一个加油站吃饭，之后送两人回酒店。晚上 9 点 30 分，第 59 号病例去接其姐姐，并在通坎（ຂັນຄຳ）附近的路边摊吃烤鱿鱼，两名泰国男子声称不舒服未同去
4 月 13 日	第 59 号病例未与三人见面
4 月 14 日	第 59 号病例未与三人见面
4 月 15 日	第 59 号病例未与三人见面
4 月 16 日	两名泰国男子先坐车至老挝万象市马瑙村（ບ້ານໝາກນາວ），再坐船到泰国廊开府塔博村（ທ່າບໍ່）
4 月 17 日	第 59 号病例接到其姐姐电话，称两名泰国男子感染新冠肺炎病毒。下午 4 点，第 59 号病例前往老越医院（Lao-Vietnam Hospital）检查，伴随着发热、疲劳、腹泻等症状，医院给其开药
4 月 18 日	第 59 号病例未出门
4 月 19 日	中午 12 点至下午 1 点，第 59 号病例去朋友家吃饭。下午 3 点 30 分感觉疲惫，随即前往 150 医院检查，晚上 7 点 50 分确诊感染新冠肺炎病毒

资料来源：老挝华人网，https：//mp. weixin. qq. com/s/7bFXARXkV_ iSicxF5rGcAw。

从 4 月 20 日起，老挝单日新增确诊病例持续上升，在短短 10 多天内，确诊人数就翻了十几倍（参见图 1）。在这些新增确诊者中，大多数都与"第 59 号确诊者"有直接或间接的关联，老挝第二波疫情暴发。截至 2021

年 5 月 5 日，老挝累计确诊人数已达 1072 例。

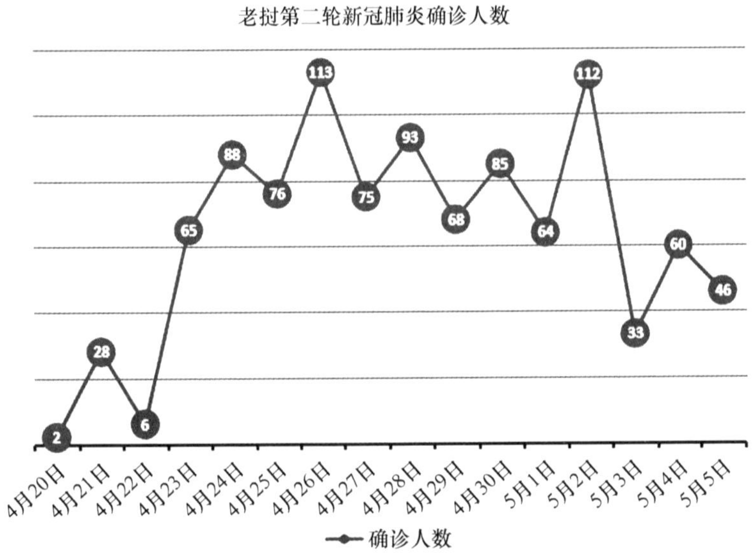

图 1　老挝第二波新冠肺炎疫情确诊人数（截至 2021 年 5 月 5 日；单位：人）

资料来源：老挝卫生部。

（三）“第 59 号确诊者”事件快速发酵

“第 59 号确诊者”公然违反老挝政府严防非法入境的防控措施，带领来自疫情高风险国家的非法偷渡者流连多个场所，导致新冠肺炎疫情蔓延，成为老挝疫情二次暴发的导火索。这些信息瞬间引发舆论热议，一时间该病例的姓名、身份证号、家庭住址等私人信息被人肉搜索，并在网络上迅速传播，该病例也被称为“老挝毒王”，随之成为民众声讨的对象，陷入了网络暴力的漩涡。不少网民将对疫情的恐慌上升为对该病例个人私生活的指指点点和无端谩骂，更有甚者将其不雅照片和视频四处散播。随着事件不断发酵，相关方面介入调查，当事人发声，不实信息得到澄清，但是围绕这场网络暴力的讨论仍未停止。许多老挝网民录制视频和发私信对该病例进行人身攻击。4 月 27 日，“第 59 号确诊者”终于承受不住外界的舆论压力，在医院隔离治疗期间选择自杀，幸亏被医生及时救下。

三　针对“第 59 号确诊者”网络暴力形成的原因

传播学四大奠基人之一的拉斯韦尔（Harold Lasswell）曾经提出 5W 理论，5W 分别指 who（传播者）、say what（内容）、to whom（受众）、in which channel（媒介）以及 with what effect（效果）。该理论指出传播要素包括传播者、传播内容、传播受众、传播渠道和效果五个方面。笔者将以“5W”模式作为框架，通过传播者分析、内容分析、媒介分析以及受众分析来对本次网络暴力事件的成因进行论述。

（一）传播者分析：传统的传播格局被打破，个体力量得到极大彰显

近年来，随着网络通信基础设施的升级换代，互联网在老挝快速发展。在传播格局中，这意味着权威的消解和观点的多元化，舆论环境将不再是官方或者少数主流媒体，而是夹杂着自媒体人、营销号和社交媒体用户。DATAREPORTAL 最新发布的《2020 老挝数字化年鉴》数据显示，2020 年老挝总人口约 723 万人，互联网用户达 310 万人，同比增长 6.5%，互联网普及率达到 43%。[①] 当前信息传播方式发生深刻嬗变，传统传播模式被打破，进入“人人都有麦克风”的传播新时代。传统媒体话语权被不断稀释分化，舆论格局呈现去中心化、去科层化[②]和去组织化的特征，人人都可以成为网络舆论的制造者、传播者和推动者。从传播者的角度上看，老挝网络舆论的传播主体主要分为三个方面，分别是以老挝国家电视台（Lao National Television）、老挝巴特寮通讯社（Lao News Agency）和人民报（*Pasaxon Newspaper*）为代表的官方主流媒体，以健康教育与信息中心（Centre of Information and Education for Health）为代表的政务新媒体平台及以各大微信公众号和脸书（Facebook）为主体的自媒体平台。在新冠肺炎疫情期间，多方传播主体纷纷发声，个体力量得到极大彰显，

---

① DATAREPORTAL，“DIGITAL 2020：LAOS，” February 2020，https：//datareportal.com/reports/digital-2020-laos，登录时间：2021 年 5 月 10 日。

② 科层化：由传统的新闻专业人员按照既定的规则制作新闻信息，满足公众信息需求。

个体通过传播媒介所引发的关注和讨论，正通过一种前所未有的方式呈现出来。

尼葛洛庞帝（Nicholas Negroponte）在《数字化生存》一书中提出“真正的个人化时代已经来临”[①]。在自由开放的网络空间中，个人的主体性特质得到释放，网络匿名性为个人的情绪化表达构筑了一道无形的“防线”。舆论世界是情胜于理的传播世界，在舆论世界里，情感占据着主导地位，在匿名条件下，情感宣泄得到加强。人们过分强调在网络空间里言论自由的权利而淡化其为言论负责的责任，网络暴力行为常常演化成一种“群氓狂欢”[②]。

（二）内容分析：多样化的网暴手段相互结合，公众负面情绪被不断激发

在互联网时代，信息发布的门槛被降低，由于数量庞大的网民群体的态度、立场、认知水平和传播动机良莠不齐，网络空间充斥着嘈杂的舆论内容。特别是随着新兴技术的日益成熟，所衍生出的图片、音视频等多样化的表达方式以及隐私公开、散布谣言和语言诋毁的暴力手段多样化使得网络舆论更加难以监管。新冠肺炎疫情暴发后，出于对真相的渴望和未知的恐慌，人们公开“第 59 号确诊者”的隐私、蓄意造谣、言语诋毁等网络暴力手段随处可见。多样化的网络暴力手段进一步激发了公众的负面情绪，引发了各种对该病例非理性且恶意的指责、抨击和谩骂等行为，导致网络暴力不断升级。

（三）媒介分析：新媒体平台趋利性和传播裂变性，成为网络暴力的推手

DATAREPORTAL 发布的《2020 老挝数字化年鉴》中的数据显示，截至 2020 年 1 月，老挝移动互联网用户人数为 568 万人，占人口总数的

① ［美］尼葛洛庞帝：《数字化生活：后信息时代》，胡泳、范海燕译，海南出版社 1997 年版，第 80—82 页。

② 陈延法：《浅谈重大疫情中的“后真相”网络舆情事件应对》，《新闻研究导刊》2020 年第 19 期，第 90—92 页。

79%，其中，老挝社交媒体用户数量达到 310 万人，社交媒体渗透率达到 43%。[①] 新媒体已经成为大多数老挝网民获取新闻信息的主要渠道。根据美国网络通信流量监测机构 Statcounter 自 2020 年 1 月至 2021 年 4 月的统计数据，在老挝社交媒体中，Facebook、YouTube 和 Twitter 的用户渗透率最高，占比分别为 58.97%、24.94% 和 11.26%，而以 Facebook、Twitter 为代表的社交媒体是获取新闻信息十分重要的新媒体类型。[②] 随着新媒体时代的到来，电视、纸媒等传统主流媒体在传播方面的影响力大大降低。在老挝，Facebook 和微信公众号用户众多，是公众获取新闻信息的重要平台，也是信息传播速度较快和受网民信赖的平台。值得一提的是，以 YouTube 和抖音为代表的视频平台在公众获取和传播疫情信息的过程中变得愈发重要。

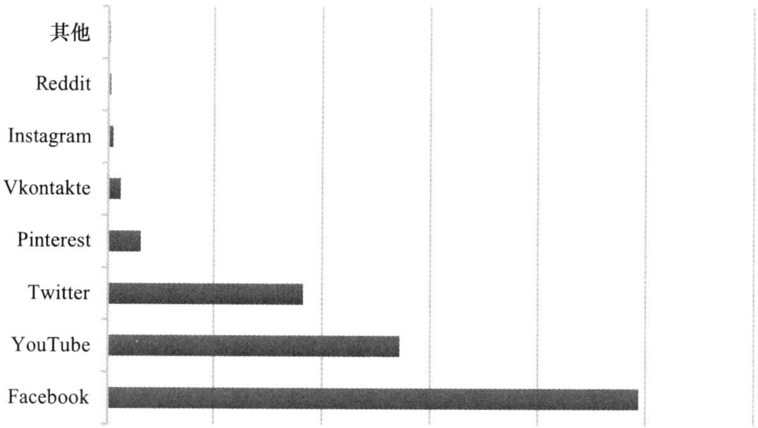

	Facebook	YouTube	Twitter	Pinterest	Vkontakte	Instagram	Reddit	其他
■	49.38%	27.19%	18.24%	3.11%	1.17%	0.49%	0.24%	0.18%

图 2　老挝社交媒体使用情况统计（2020 年 1 月—2021 年 4 月）

资料来源：Statcounter，https：//gs. statcounter. com/social-media-stats/all/lao/#monthly-**202001 -202104**-bar.

① DATAREPORTAL，“DIGITAL 2020：LAOS，” February 2020，https：//datareportal. com/reports/digital-2020-laos，登录时间：2021 年 5 月 10 日。

② Statcounter，“Social Media Stats Lao，” April 2021，https：//gs. statcounter. com/social-media-stats/all/lao/#monthly-202001 -202104-bar，登录时间：2021 年 5 月 10 日。

网络社交媒体作为网络舆论的集散地，其传播的碎片化与裂变性提高了舆论的传播速度。与传统媒体不同的是，作为事件传播者和引导者的自媒体平台，通常以营利为目的，部分媒体平台在流量的驱使下，为了吸引眼球，不惜通过人肉搜索和传播他人隐私、发起话题讨论或者故意夸大新闻事实误导网民，通过网络助力形成全国焦点事件，掀起“网络狂欢”，使涉事者遭受网络的抨击。这个时候，人们很容易受到平台上其他信息的误导，通过挖掘受害者的其他事件进行夸大歪曲，使得受害者承受更大的打击。马斯洛（Abraham H. Maslow）在动机理论中提到，动机是个体发生行为的促动性内在力量，而需要和刺激就是动机产生的两种原因，刺激通常在需要得到满足之后产生，目的是获得社会认同和赞许。① 对于媒体而言，在满足自身营利的前提下，为了获得流量点击，新媒体平台可能不会遵守职业道德，会发布一些对人造成伤害的新奇刺激的信息，助力网络暴力的形成。

（四）受众分析：老挝网民年轻化、媒介素养不高，易产生从众心理

在网络环境下，网络暴力成为一种常见的传播现象，有其自身的形成原因。首先，网民作为网络的主体，是网络暴力的主要推动者。老挝网民的最大特点就是年轻化，网络素养不高，容易受到舆论的影响而盲目从众。根据《世界人口评论》，老挝是亚洲最年轻的国家，平均年龄为21.6岁，年轻人和青少年在总人口中占有重要比例。从老挝人口年龄构成来看，2019年老挝0—14岁人口占比为32.30%，15—64岁人口占比为63.53%，65岁及以上人口占比为4.16%。② 在国民教育水平方面，老挝人的平均受教育程度低。截至2018年，老挝拥有5所公立大学，10所师范学院和92家私立高等教育机构。老挝高等教育就读人数不足10万人。

---

① 转引自唐魁王《新冠肺炎疫情的网络舆论生态及其舆情治理》，《南京邮电大学学报》（社会科学版）2020年第5期，第30—38页。

② 《2010—2019年老挝人口数量及人口性别、年龄、城乡结构分析》，华经产业研究院，2020年7月23日，https：//www.huaon.com/channel/distdata/634019.html，登录时间：2021年5月3日。

由于私立教育机构主要以营利为目的，许多家庭出于经济原因，不得不放弃子女接受高等教育的机会，从而影响到教育普及的整体水平。[①] 受教育程度不高的网民群体常常缺乏对事物的理性判断而受到不良情绪的感染，进而做出从众行为。班杜拉（Albert Bandura）提出的社会学习理论，说明了个人、行为和环境三个因素的相互作用对个人的影响。[②] 在网络暴力中，一个人的行为往往受到多方复杂因素的影响。在虚拟的网络环境中，大部分人无从探知事件的真相，只能根据眼前的信息进行判断，而当周围人都在抨击某一事件时，在从众心理的驱使下，也会加入网络暴力的队伍。

其次，在新媒体时代，用户的情感表达更加丰富，相近的立场倾向产生强大的聚合效应。在新冠肺炎疫情暴发时，公众诉诸社交平台的主要原因就在于这种独特的情感聚合和支撑作用。一项研究表明，社交网络平台上的表达和分享往往是以惊讶、伤心、恐惧、厌恶和愤怒等负面情感为主导[③]，汇聚于平台上的所有对“第59号确诊者”的指责和愤怒，在“群体极化”的作用下最终演变成为网络暴力。

最后，新冠肺炎疫情下公众焦虑易被触发，一个人的确诊往往会牵动很多人的关注，尤其是在人与人日常接触联系很普遍的现实背景下。因此，当“第59号确诊者”带领两名泰国籍确诊男子横跨半个老挝后，公众的焦虑情绪一下子被触发，进而形成对该病例的不满情绪。1958年社会心理学家弗里茨·海德（Fritz Heider）提出了归因理论，发现人们在社会交往中为了更有效地控制和适应环境，会有意识或无意识地对发生在周围环境中的各种社会行为进行一定的解释。在网络暴力中，局外人会明显发现施暴者偏激易怒的特点，但是施暴者往往会为了控制或适应环境而对其行为进行“合理化”解释。网络上对“第59号确诊者”“施暴”的老挝网民，在主观上会认为自己是在打击危害社会的人，自己的行为是合理和正义的。此外，人们习惯于以性别作风偏见为基础进行道德审判。该事件的焦点也是最吸引公众注意力的一点是该病例流连于各种娱乐场所，加上网传一些真假不明的关于该病例较为暴露的图片

---

① 智玲：《老挝教育现代化的发展现状与策略研究》，《视野》2019年第7期，第70页。

② 转引自骆郁廷、余杰《疫情防控背景下网络舆论的特点及其引导》，《学校党建与思想教育》2020年第624期，第18—21页。

③ 史安斌：《疫情后真相、后权威和后情感》，《环球时报》2020年4月24日。

和视频，这些内容都迎合了网民对这位女性行为不检点的偏见认知，进而将该病例推入道德漩涡。

四 老挝对网络暴力的治理

（一）老挝对网络暴力的治理现状

在新冠肺炎疫情的背景下，在民众巨大的不安与惶恐中，“信息疫情”不断传播。由于老挝第二波新冠肺炎疫情暴发突然，新冠肺炎病毒变异速度加快，引发群体的恐慌。疫情成为老挝人民关注的焦点，有关疫情的信息传播非常迅速，在“群体极化”的作用下，极易产生网络暴力。因此，如何防治网络暴力，构建清朗的网络空间成为亟待解决的问题。

随着老挝互联网的快速发展，网络暴力也呈现出新的形式，立法工作难以迅速跟进。老挝关于网络空间治理的现行法律有 7 部，但其中涉及网络暴力的规定依然存在很大缺失，目前仅从信息安全、名誉权、隐私权、侮辱诽谤等一般意义上对网络暴力行为予以规制。再者，多数受害者可能不会选择诉诸司法，而刑法中的相关罪名入罪门槛高、举证困难，且定刑较轻，治理效果不理想。因此，治理网络暴力应该寻求多元共治的方案。

表 3　老挝网络空间治理的法律法规

法律名称	颁布时间（年）
《国家信息通信技术政策》（National ICT Policy）	2009
《电信法》（Telecommunications Law）	2011
《电子交易法》（Electronic Transaction Law）	2012
《刑法》（Criminal Law）	2012
《网络犯罪法》（Cybercrime Law）	2015
《数据保护法》（Data Protection law）	2017
《信息通信基础设施法》（Information and Communication Infrastructure Act）	2017

资料来源：老挝邮电部，https：//www. mpt. gov. la/index. php？ r = site/index。

（二）对网络暴力治理的建议与对策

1. 政府部门：倡导实名制，加强完善网络监管立法

（1）网络监管部门应倡导实名制，构建可靠的信誉机制

根据在线杂志《科学进展》（*Science Advances*）进行一项关于“行为经济实验中实名与匿名对合作行为影响”的最新研究，匿名状态形成的信息缺失将会影响人们对社会安全问题的有效掌握，这也成为网络暴力不断涌现的原因之一。[①] 因此，老挝网络监管部门应该领导建立网络实名制的管理机制，要求补充个人缺失的信息，从而提高网络的社会信任度。实名制不仅能够对网络空间形成无形约束，减少网络暴力事件的发生，也能够为“施暴者”溯源提供便利。

（2）加强完善监管技术与相关立法，对施暴者实施严厉追责和惩戒

网络暴力的形成在一定程度上源于外部控制机制的弱化，施暴者往往利用人肉搜索等工具来挖掘被网暴者的个人隐私信息。由于老挝科学技术不发达，网络暴力治理部门没有完备的技术来追踪和惩戒施暴者。虽然如 Facebook、Twitter 以及微信等大多数互联网平台会对敏感词进行监管和预警，对相关词汇进行预先过滤检查或延后推送，或者当某网络暴力事件成为热点并产生强烈的社会反应后，平台进行删帖处理，但是这些手段远远不能够防治当前的网络暴力。因此，老挝相关部门应该与时俱进，积极向技术发达国家学习，不断研发网络安全技术，在预警、切断、追溯等环节上完善和突破。同时，老挝互联网监管和法律部门应该加强关于网络暴力治理的立法工作，对于情节严重的施暴行为，应加大刑罚力度。

2. 媒体部门：注重受众情感，提倡共情传播

面对受众在新媒体环境中的信任异化、信任焦虑甚至信任危机，应借助权威专业媒体来建立信任体系，具体而言就是让具有专业素养的媒介从业人员和机构进入网络媒体平台，在社会热点事件发生时，及时发布权威新闻和评论，借助其应对新闻专业主义的坚守而形成的公信力来引导事件

① 梅鹏超、张冀、何勇伶：《“信息疫情”现象分析：生成逻辑、伴生危害和防治策略》，《电视研究》2020 年第 5 期，第 6—10 页。

舆论的走向。在坚守新闻专业主义阵地的同时兼顾受众的情感走向，注重受众情感，提倡共情传播，充分利用且引导好传播过程中受众情感这个“传声筒”和“扩音器”，使得传播效果事半功倍。

3. 网民自身：提高网络行为素养，增强风险防范意识

就个人而言，首先要严格约束自我在网络和现实中的行为，避免成为网络空间中被攻击的对象，增强网络风险的防范意识，注重对个人隐私的保护；其次，积极响应相关部门的号召，在注册的各个社交媒体平台上进行实名登记；最后，要理性客观地看待各种社会现象，不盲目从众跟风，发表过激言论，以营造风清气正的网络环境。

Analysis of the Reasons and Countermeasures of Cyberbullying on “the 59th COVID-19 Case” in Laos from the Perspective of Communication Study

Zhang Mengxian

Abstract In April 2021, the second wave of COVID-19 outbroke in Laos, the number of confirmed cases has increased more than ten times in just over 10 days. By preliminary epidemiological investigations, the Lao government found that the second wave of COVID-19 was closely related to the 59th COVID-19 case. Thus, the 59th COVID-19 case become a hot topic in Laos. Meanwhile, her personal information such as name, ID number, home address, private photos and videos were dug out and spread quickly on major social medias. As she has been to many entertainment venues, the attitudes of many netizen have gone from panic about the epidemic to bossing her around and even abusing her. Based on the incident of cyberbullying on “The 59th COVID-19 Case” in Laos, this paper analyzes the causes of this incident and puts forward countermeasures from the perspective of communication study.

Key Words Communication Study; Laos; Cyberbullying

Author Zhang Mengxian, Public Opinion Research Assistant, China-ASEAN Information Harbor Institute of Big Data Research, Guangxi University.

新冠肺炎疫情下马来西亚2020年回顾

覃馥琳

【摘要】本文以2020年马来西亚面临的最主要危机——新冠肺炎疫情为线索，归纳马来西亚政治、经济、社会和外交四个领域的发展特征。新冠肺炎疫情下马来西亚的发展特征可以概括为：政治领域“危而不乱”、经济领域“危中有机”、社会领域“因危思变”和外交领域“应危而增”。最后，在回顾2020年发展特征的基础上，本文还对马来西亚2021年发展进行展望。

【关键词】新冠肺炎　2020年疫情　马来西亚

【作者简介】覃馥琳，广西大学中国—东盟信息港大数据研究院舆情助理。

回顾2020年，马来西亚整体特征可以用“危”字来概括。新冠肺炎疫情作为全球性的非传统安全危机，对马来西亚的影响贯穿全年。2020年马来西亚经济、政治、社会和外交的发展表现出不同特征，可以分别概括为：政治领域“危而不乱”、经济领域“危中有机”、社会领域“因危思变”和外交领域“应危而增”。

一　新冠肺炎疫情成为马来西亚面临的年度危机

新冠肺炎是由冠状病毒引发的急性呼吸道传染病。[①] 中国专家的研究结果表明，新冠肺炎的传染性比“非典”肺炎更强，但其病死率低于非典

① 中华人民共和国国家卫生健康委员会：《新型冠状病毒肺炎诊疗方案（试行第七版）》，http：//dwz. date/dUkN，登录时间：2021年1月14日。

型肺炎，并且两者的病理改变也有所不同。[①] 通过疫情数据对比新冠肺炎疫情和“非典”疫情的影响，笔者认为，马来西亚在 2020 年全年面临新冠肺炎疫情危机，与疫情持续时间长、防控难度大和当地防控经验不足有关。

（一）疫情持续时间长

新冠肺炎疫情持续时间长，对马来西亚的影响远远超过“非典”，也超过登革热、疟疾等季节性传染病。2020 年，马来西亚经历了三波新冠肺炎疫情。第一波疫情起止时间为 1 月 24 日至 2 月 26 日，第二波疫情起止时间为 2 月 27 日至 9 月 19 日，第三波疫情起止时间为 9 月 20 日至 12 月 31 日。在 2020 年结束时，马来西亚的疫情仍处于第三波发展阶段，新增病例增长速度加快。根据马来西亚卫生部疫情统计绘制的马来西亚 2020 年新冠肺炎单日新增确诊病例图（参见图 1），第一例新冠肺炎病例于 1 月 24 日确诊；截至 12 月 16 日中午 12 时，新增 1295 例确诊病例，累计病例达 8.7913 万例，超过中国于 12 月 15 日午夜 12 时统计的累计确诊病例 8.677 万例；[②] 截至 2020 年 12 月 24 日，累计确诊病例达 10.0318 万例，突破 10 万例。2020 年 12 月 10 日至 12 月 31 日，马来西亚出现前所未有的连续 22 天新冠肺炎单日新增确诊病例破千例，疫情历经一年的发展，形势十分严峻。

（二）疫情防控难度大

随着全球化的发展，2020 年相比 2002 年“非典”时期人员跨国流动规模更大、范围更广且频率更高，因此疫情传播带来的影响也更严重。参考世界卫生组织公布的 2002 年 11 月 1 日至 2003 年 7 月 11 日非典型肺炎疑似病例累计报告数（Cumulative Number of Reported Probable Cases of SARS），在 2002 年“非典”时期，出现疑似病例的国家或地区共 32 个，

---

① 王彤彤、周学健等：《新型冠状病毒肺炎与传染性非典型肺炎的流行病学特征分析》，《中国热带医学》2020 年 11 月第 20 卷第 11 期，第 1108—1111 页。

② 《累计病例超越中国 大马增 1295 例新确诊》，星洲网，2020 年 12 月 16 日，https：//www. sinchew. com. my/content/content_ 2394755. html，登录时间：2020 年 12 月 16 日。

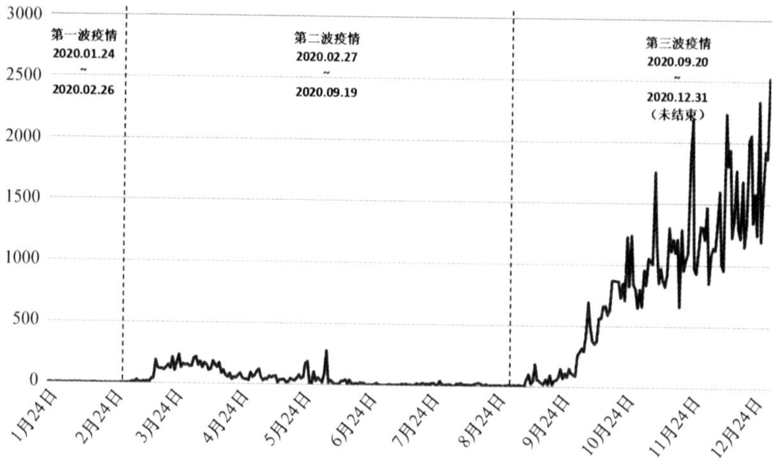

图 1　马来西亚 2020 年新冠肺炎单日新增确诊病例

资料来源：根据马来西亚卫生部疫情报告绘制。

累计疑似病例为 8437 例，确诊病例大于 10 例的国家集中在东亚、东南亚和北美；① 而全球疫情统计数据显示，截至 2021 年 1 月 14 日，出现新冠肺炎确诊病例的国家或地区已达 212 个，确诊病例遍布包括南极洲在内的全球七个大洲，累计确诊病例为 92798909 例。②

在全球化背景下，马来西亚作为外向型经济体，疫情防控的难度增加。马来西亚吉隆坡（Kuala Lumpur）是东盟区域知名都市，国际化程度高，外来人口多且人员流动大。在新冠肺炎疫情的影响下，吉隆坡及其周边的雪兰莪（Selangor）地区始终是该国重点疫区。根据马来西亚卫生部制作的 13 个州和 3 个联邦直辖区的新冠肺炎累计确诊病例排名动态图，2020 年 12 月 31 日，雪兰莪累计病例达 32677 例，吉隆坡累计病例达 13656 例，占当日马来西亚新冠肺炎累计确诊病例 113766 例的 40. 73%。③

---

① WHO，“Cumulative Number of Reported Probable Cases of SARS，” https：//www. who. int/csr/sars/country/2003_ 07_ 11/en/，登录时间：2021 年 1 月 14 日。

② 根据百度新型冠状病毒肺炎疫情实时大数据报告的相关数据统计整理，其中疫情地区共列出 213 个，其中一个为“钻石公主号”邮轮无法归入国家或地区，参见《新型冠状病毒肺炎疫情实时大数据报告》，百度，2021 年 1 月 14 日，https：//voice. baidu. com/act/newpneumonia/newpneu，登录时间：2021 年 1 月 14 日。

③ 根据马来西亚卫生部相关数据整理，参见 Kementerian Kesihatan Malaysia，“Jumlah Kes COVID-19 Di Setiap Negeri Di Malaysia，” January 14，2021，http：//covid－19. moh. gov. my/archive：aug_ 2020，登录时间：2021 年 1 月 14 日。

非法移民问题是疫情防控的一个难点。截至 2020 年 11 月 10 日，马来西亚卫生部共报道 151 个活跃感染群，其中有 3 个确诊人数超 1000 人的大规模感染群：城墙感染群（Kluster Benteng LD）、围墙感染群（Kluster Tembok）和甘拜园监狱感染群（Kluster Penjara Kepayan）。这三起大规模感染均发生在与邻国接壤的州属监狱。马来西亚国家特工队指挥官阿里斯·阿迪（Aris Adi）上将在 2020 年 11 月 7 日接受采访时表示，全马来西亚共有 20 个非法移民扣留中心，其中 10 个已经爆满；哥打基纳巴卢（Kota Kinabalu）的扣留中心已经超出负荷，扣押人数超出了 81%。[①] 沙巴州（Sabah）安全理事会主任莎丽法茜蒂（Sally Fasidi）指出，由于菲律宾及印尼政府“拒收”来自两国的非法移民，政府部门无法减少沙巴临时扣留中心的非法移民人数。[②] 非法移民问题加重了马来西亚新冠肺炎疫情的防控负担。

（三）疫情应对经验不足

2002 年“非典”时期，马来西亚受到的波及较小。根据世界卫生组织报告，马来西亚的“非典”疑似病例共计 5 例，与中国的 5327 例及其邻国新加坡的 206 例相比，马来西亚受“非典”影响较轻微。[③] 因此，自 2000 年以来，马来西亚没有经历过全球性的大型流行病考验，疫情防控经验不足。

2020 年新冠肺炎疫情暴发初期与“非典”初期相似，马来西亚从官方到民间都对其影响估计不足。2020 年 1 月 4 日，马来西亚卫生部已采取紧急措施，对从中国武汉出发的航班乘客进行体温检测，但防控措施并未得到严格的落实。1 月 13 日，吉隆坡国际机场 2 号航站楼负责热扫描仪的两名医护人员在工作时间玩手机、睡觉，相关视频被上传到社交媒体上，引发热议。第一波疫情暴发后，马来西亚联邦政府并未立刻限制重点疫区游

---

① 《非法移民拘留中心爆满 指挥官担忧再现感染人群》，透视大马，2020 年 11 月 7 日，https://www.themalaysianinsight.com/chinese/s/283121，登录时间：2021 年 1 月 14 日。

② 《菲印拒收“自己人” 沙扣留中心非法移民难减》，《南洋商报》2020 年 11 月 5 日，http://dwz.date/dktx，登录时间：2021 年 1 月 14 日。

③ WHO, “Cumulative Number of Reported Probable Cases of SARS,” https://www.who.int/csr/sars/country/2003_07_11/en/，登录时间：2020 年 1 月 14 日。

客入境。1 月 23 日，中国武汉市疫情防控指挥部发布离汉通道关闭的通告后，时任马来西亚旅游、艺术与文化部副部长穆罕默德（Muhammad）于 1 月 26 日表示暂时不会禁止中国游客入境、不遣返武汉游客。2 月 5 日，马来西亚已经出现本土感染病例，但直到 2 月 24 日“喜来登行动”（Sheraton Move）采取前马来西亚卫生部也没有对国内聚集性活动作出限制性规定。

二　政治：“危而不乱”

受新冠肺炎疫情的影响，加上处于政治转型期，马来西亚政治斗争持续时间延长。但是，政治斗争的激烈程度又因疫情的发展而有所缓解，避免了政治危机的进一步发酵。2020 年马来西亚政治表现出“危而不乱”的特征。

（一）政治斗争持续时间延长

2018 年马来西亚实现第一次政权轮替和 2020 年 3 月国民联盟政府通过非民选方式上台，意味着马来西亚仍处于从威权向民主过渡的时期，呈现出后威权时代政治转型的特点，民主性与威权性并存。旧政治体制失效，新政治体制尚未成熟，为不同政党争夺权力创造了空间，也增加了国家政局的不确定性，因此马来西亚政治斗争持续不断。

马来西亚宪法规定，马来西亚最高元首须委任获得马来西亚国会下议院多数议员支持的议员出任总理。2020 年自穆希丁（Muhyidin Yassin）出任总理一职以来，几次关于总理支持率的议员投票测试（参见表 1）显示，执政党和反对党的支持数不相上下，执政党仅持有微弱优势。微弱优势意味着执政党时刻会面临失去政权的风险。2020 年 9 月 23 日，安瓦尔（Anwar）声称获多数议员支持组建新政府，就是一次反对党夺取政权的尝试。此外，执政党联盟中的巫统也因不满现政府中利益分配由土团党主导，而多次威胁要撤回对国盟政府的支持。2020 年 3 月政权轮替以来，马来西亚国内政治斗争余波持续不断。

2021 年 1 月 12 日，以遏制国内不断恶化的新冠肺炎疫情为名义，马来西亚最高元首阿卜杜拉（Abdullah）通过国家皇宫总管阿末·法迪尔（Ahmad Fadil）宣布国家进入紧急状态，并将持续到2021 年8 月1 日。穆希丁表示在紧急状态期间，“行政戒严”下的马来西亚不能举行全国大选和补选①，国会会议也将暂停，开会时间推迟。② 穆希丁领导的国盟政府执政地位因紧急状态而暂时不会受到挑战。国会会议的推迟也意味着围绕现政府合法性的质疑将持续，国民联盟政府面临着随时失去执政权的风险。

表 1　关于总理支持率的几次议员投票测试情况

时间	事件	执政党支持数	反对党支持数	缺席或弃权	备注
2020/2/29	穆希丁被任命为总理，希盟列出自己方支持议员数	/	114 票	/	支持数来自希盟单方面证据
2020/7/13	悬空国会下议院议长职务	111 票	109 票	2 票	
2020/12/15	2021 年财政预算案三读	111 票	108 票	1 票	两个国会议席未补选

资料来源：根据 Bernama、《东方日报》、《星洲日报》相关新闻综合整理。

（二）政治斗争的激烈程度有所缓解

2020 年，新冠肺炎疫情对世界各国人民的安全造成了威胁，导致全球经济衰退。在全球经济衰退背景下，马来西亚国内多个州在 12 月遭受严重洪涝灾害袭击。经济和民生困境急需稳定的政治环境，以确保政府在困境中发挥其行政作用，带领民众渡过危机。在朝野两方政党势均力敌的情形下，拥有决策权的马来西亚最高元首和其背后的马来统治者势力对马来西亚政局走势的影响增加。马来统治者作为马来人的传统代表，面对以马来人为主的执政党阵营和以多元族群为特色的反对党阵营，会更倾向于支持现有政府，以回避政权更替的风险。2020 年 9 月 23 日，在安瓦尔声称获多数议员支持组建新政府后，最高元首阿卜杜拉延迟与其会见；《2021 年

① 《紧急状态不会有宵禁 首相：联邦政府继续执政》，《东方日报》2021 年 1 月 12 日，https：//www. orientaldaily. com. my/news/nation/2021/01/12/386232，登录时间：2021 年 1 月 15 日。

② 《全国宣布陷入紧急状态 国会将陷入停摆》，《东方日报》2021 年 1 月 12 日，https：//www. orientaldaily. com. my/news/nation/2021/01/12/386229，登录时间：2021 年 1 月 15 日。

财政预算案》在国会下议院成功通过二读表决后，阿卜杜拉专门发文对所有国会议员支持财案通过表示感谢和赞赏。[①] 以上两个事例已经反映出马来统治者的支持倾向，而这种倾向也缓解了反对党阵营以及执政党阵营中对权力分配现状不满的政治势力对现有政权的冲击。

马来西亚的政局在 2020 年经历了一次大的震荡后，没有再次出现政权轮替从而导致国家陷入无政府状态的局面。国民联盟政府能在一次又一次的政治斗争余波中“摇而不坠”，除了马来西亚政治体制保留了最高元首的决策权和公务员机制的稳定外，新冠肺炎疫情的影响也缓解了政治斗争的进一步激化。

三　经济：“危中有机”

新冠肺炎疫情对马来西亚经济带来直接冲击。根据马来西亚国家统计局发布的《马来西亚 2020 年第三季度经济表现》[②]，马来西亚 2020 年第一季度的国内生产总值增长率为 0.7%，相较 2020 年第四季度的 3.6% 出现明显下滑，第二季度国内生产总值增长率为 -17.1%，第三季度国内生产总值增长率有明显回升但依然为负值，为 -2.7%（参见表 2）。统计局还制作了国内生产总值同比增长折线图（参见图 2），该折线图呈现了 1996 年至 2019 年马来西亚的年度国内生产总值、2018 年第一季度至 2020 年第三季度国内生产总值和 2020 年 1 月至 9 月月度国内生产总值的同比增长率。通过比较可以看出，马来西亚的年度国内生产总值同比增长率仅在 1998 年亚洲金融危机时期和 2009 年次贷危机影响时期为负值，虽然截至 2021 年 1 月底，2020 年马来西亚第四季度国内生产总值增长率尚未公布，但是根据马来亚银行投资银行研究部（Maybank Investment Bank）苏海米·伊利亚斯（Suhaimi Ilias）预

---

① 《为人民与国家福祉着想 元首感谢议员通过财案》，《热点》2020 年 11 月 26 日，http://dwz.date/d9gF，登录时间：2020 年 12 月 15 日。

② DOSM，“Malaysia Economic Performance Third Quarter 2020，” 2020 年 12 月 13 日，https://www.dosm.gov.my/v1/index.php?r=column/cthemeByCat&cat=100&bul_id=ZlRNZVR-DUmNzRFFQQ29lZXJoV0UxQT09&menu_id=TE5CRUZCblh4ZTZMODZIbmk2aWRRQT09，登录时间：2021 年 1 月 14 日。

测，马来西亚国内生产总值在 2020 年将萎缩 5.4%①，结合新冠肺炎疫情在第四季度的发展趋势，马来西亚 2020 年度国内生产总值同比增长率有可能创造 1996 年以来的新低。

表 2　　2019 年至 2020 年第三季度国内生产总值同比增长率（按 2015 年固定价格计算）　　（%）

	2019 年	2019 年第一季度	2019 年第二季度	2019 年第三季度	2019 年第四季度	2020 年第一季度	2020 年第二季度	2020 年第三季度
国内生产总值（与上年同期相比的百分比变化）	4.3	4.5	4.8	4.4	3.6	0.7	-17.1	-2.7
季节性调整后国内生产总值（与上季度相比的百分比变化）		0.9	1.3	0.8	0.6	-2.0	-16.5	18.2

资料来源：马来西亚统计局。

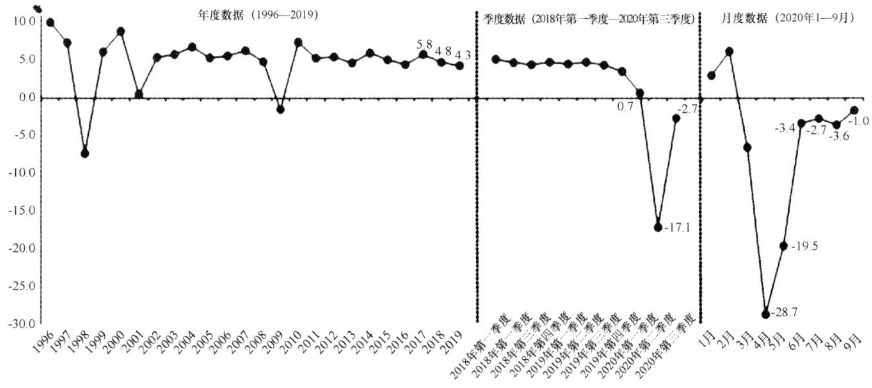

图 2　国内生产总值同比增长折线图

资料来源：马来西亚统计局。

① "Malaysia to Record GDP Growth of 5.1 PCT in 2021-Maybank IB," Bernama, January 5, 2021, https://www.bernama.com/en/business/news.php?id=1918821，登录时间：2021 年 1 月 14 日。

（一）传统优势产业受到冲击

服务业是马来西亚最大的产业部门，其总值占国内生产总值的50%以上；制造业总值在国内生产总值中的占比约为25%，是马来西亚最大的出口产业。①

2020年马来西亚服务业受到重创。服务量指数增长率在2020年第二季度出现大幅度下滑，其中，包括艺术、娱乐、创意等活动以及私人教育和私人健康服务在内的其他服务增长率更是从第一季度起出现下滑（参见表3）。其主要原因是政府从2020年3月18日至5月12日实施"行动管制令"（Movement Control Order）。其间，在全国范围内禁止大型集会，除涉及基本服务的必需营业场所外，所有政府、宗教及私人营业场所都关闭了。② 至6月第二波疫情好转后，政府将行动管制调整为"有条件行动管制令"和更为宽松的"复苏式行动管制令"，服务量指数增长率有所好转。但由于新冠肺炎疫情在全球蔓延，各个国家的出入境限制仍然严格，马来西亚作为外向型经济体，服务业的恢复还需要更长的时间。

表3　**2020年前三季度服务量指数较2019年同期增长率**　（%）

服务业类型	第一季度	第二季度	第三季度
批发及零售贸易、食品饮料和住宿	1.50	-26.40	-6.60
商业服务和金融	4.10	-13.90	-1.90
咨询、通信及运输和仓储	2.70	-14.80	-3.60
其他服务	-0.90	-41.20	-21.80

资料来源：马来西亚统计局，数据经过整理得到。

在制造业方面，马来西亚月度采购经理人指数在2020年4月跌至31.3（参见图3、表4），当月因为"行动管制令"的实施，多数工厂企业

① 《营商环境与投资风险分析 2019》，中国经济信息社，https：//www.imsilkroad.com/db/#/countryreport/22/2021/130966，登录时间：2021年1月15日。

② "Covid-19：Movement Control Order Imposed with only Essential Sectors Operating，" *New Straits Times*，March 16，2020，https：//www.nst.com.my/news/nation/2020/03/575177/covid-19-movement-control-order-imposed-only-essential-sectors-operating，登录时间：2021年1月15日。

被强制停工停产，反映出市场对马来西亚陷入经济萎缩的担忧。不过，马来西亚制造业月度采购经理人指数在 2016 年至 2020 年的 60 个月中有 8 个月高于指数 50 的荣枯线，多数时间保持在 46—52，说明马来西亚制造业虽处于衰退中，但整体经济还在扩张。2020 年制造业在疫情的冲击下出现震荡，但很快得到恢复。

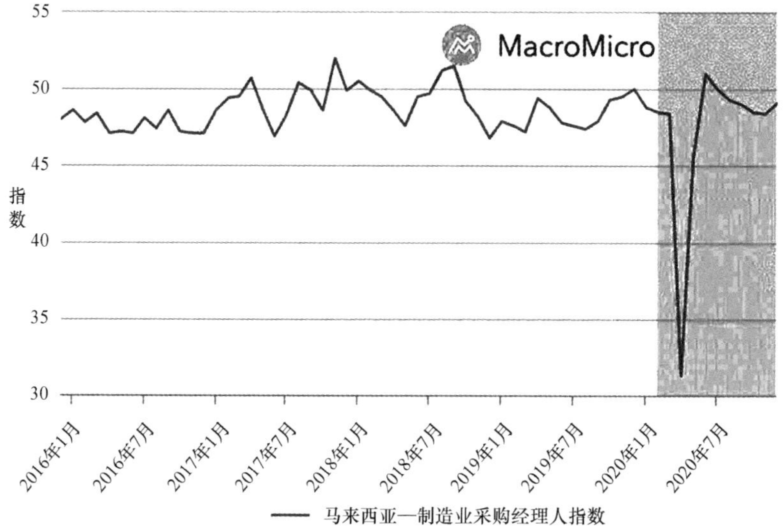

图 3　2016 年至 2020 年马来西亚制造业采购经理人指数

资料来源：财经 M 平方。

表 4　**马来西亚 2020 年月度采购经理人指数**

月份	采购经理人指数
1	48. 8
2	48. 5
3	48. 4
4	31. 3
5	45. 6
6	51. 0
7	50. 0
8	49. 3

9	49.0
10	48.5
11	48.4
12	49.1

资料来源：财经 M 平方。

（二）数字经济发展势头强劲

在新冠肺炎疫情暴发前，马来西亚历届政府就已经在积极推动国家数字经济发展。1997 年，时任国民阵线政府总理马哈蒂尔（Mahathir）启动了赛城（Cyberjaya）建设，希望打造世界领先的马来西亚智慧城市。2017 年，在时任国民阵线政府总理纳吉布（Najib）的支持下，吉隆坡数字中枢（EHub）项目、本土电子钱包项目以及结合线上线下的新零售项目“Taobao Store by Lumahgo”在马来西亚落地。2020 年 1 月 15 日，在希望联盟政府财政部的推动下，人民电子钱包注册平台开通。2020 年 11 月 10 日，国民联盟政府总理穆希丁宣布国家数字经济和第四次工业革命理事会成立。数字经济建设事关马来西亚区域话语权、伊斯兰金融地位，是国家发展战略，所以即使不同党派的执政理念存在重大分歧，但在执政时都积极推动数字经济建设。

新冠肺炎疫情让民众的出行受到限制，反而促进了马来西亚数字经济的蓬勃发展。“行动管制令”实施后，线上购物开始流行。根据大马国际伊斯兰大学（The International Islamic University Malaysia）2020 年 4 月 24 日至 2020 年 5 月 9 日进行的调查，在 788 位受访者中有超过一半的受访者（65%）表示“行动管制令”让他们进行更多的网购活动，有 17% 的受访者表示他们开始把业务转移至网上。[①] 购物网站 Lazada 的时任首席执行官周南（Leo Chow）表示，在 2020 年上半年，Lazada 上的新卖家数量增长了 200% 以上。周南还引用 Vodus 最近的一项研究说明，在“行动管制令”期间，半数马来西亚成年人在网上购买非食品商品。在网购人群中，有 35% 的人是在“行动管制令”开始时才第一次进行网上购物的，这意味着

① 《IIUM 调查：80% 受访者认为行管期种族关系更融洽》，星洲网，2020 年 5 月 22 日，https://www.sinchew.com.my/content/content_2276664.html，登录时间：2021 年 1 月 14 日。

马来西亚网购人数增长了 53%。[①]

数字经济繁荣有助于马来西亚国内经济的复苏，因此马来西亚政府和国有企业也积极参与到促进数字经济发展的工作中。马来西亚邮政有限公司（Pos Malaysia Bhd）的快递部门 Pos Laju 和 Shopee 电子商务平台推出了“居家必备”网购活动，以方便在“行动管制令”期间想要购买必备商品的消费者在线购物，并提供送货到家服务。[②] 2020 年 11 月 6 日，马来西亚财政部长扎夫鲁（Zafrul）在《2021 年财政预算案》中宣布，政府将拨款 1.5 亿林吉特用于马来西亚网上购物计划，通过主要电子商务平台鼓励网购，以让 50 万家本地企业受惠。此外，政府还将拨款 1.5 亿林吉特，为 10 万名本地企业家提供数码器材、网络销售援助及培训计划，以帮助中小型企业及微型企业在电子商务发展趋势下转型适应数字时代。[③]

（三）零工经济成为新潮流

在新冠肺炎疫情以及“行动管制令”的影响下，马来西亚零工经济（Gig Economy）得到进一步发展。零工经济的发展使更多年轻人选择工作时间灵活的职业，如网络销售、外卖送餐等。在“行动管制令”期间，马来西亚民众通过互联网从事一些零工以增加家庭收入，在疫情结束后，经济秩序恢复尚需时间，零工经济可以在疫后经济恢复期缓解政府解决失业问题的压力。零工经济对社会稳定的促进作用也引起政府的关注，政府通过出台政策保障零工经济就业者的权利，以促进零工经济的持续发展。

人力资源部指示社会保障组织（Pertubuhan Keselamatan Sosial, PERKESO）为零工经济自由职业者设置参与社会保险的方法，以为其提供在不利条件下获得社会保护的途径。人力资源部长沙拉瓦南（Sarawanan）还表示，该部正在设计一个特别方案，为在酒店、航空和旅游等行业中失

① “Digital Economy Continues Growth Momentum,” Bernama, August 31, 2020, https://www.bernama.com/en/business/news.php?id=1874987，登录时间：2021 年 1 月 14 日。

② “Pos Laju and Shopee Launch ‘Stay Home Essential’ Campaign,” Bernama, August 31, 2020, https://www.bernama.com/en/business/news.php?id=1874987，登录时间：2021 年 1 月 14 日。

③ 《“2021 财案”助 50 万家本地企业转型 1.5 亿林吉特推网上购物计划》，《东方日报》2020 年 11 月 6 日，https://www.orientaldaily.com.my/news/nation/2020/11/06/373757，登录时间：2021 年 1 月 14 日。

去工作的工人提供与其新工作相关的技能培训等帮助。① 总理穆希丁也表示，与传统经济相区别的零工经济成为一种发展趋势，但与此相关的行业，例如外卖等职业不在社会保障网络的覆盖范围里，没有任何保险形式的保障。政府将与雇主和私营部门合作，改善和健全社会保障网络，保障零工经济相关行业从业者的福利。政府也将在 2021 年预算案中关注此事，帮助因疫情影响而面临经济困难的群体，使社会保障网络得以扩大，不让任何群体陷入贫困或绝对贫困中。②

四 社会："因危思变"

新冠肺炎疫情防控的需要改变了马来西亚民众的生活方式，以前许多线下的活动开始在线上举办。此外，马来西亚的族群关系敏感而复杂，新冠肺炎作为传染病，对人类的影响不分种族和宗教，疫情之下马来西亚的不同族群也尝试着跨越族群分歧，共同应对危机。

（一）活动举办方式转变

马来西亚作为外向型经济体，对外交流活动十分频繁，国际会议众多。在新冠肺炎疫情下许多会议改为线上召开。2020 年 11 月 20 日，亚太经合组织（Asia-Pacific Economic Cooperation，APEC）会议首次通过线上会议方式举办。③ 作为本次 APEC 2020 年经济领导人会议的东道主，马来西亚积极适应这种新的会议举办形式，成功协调亚太经合组织 21 个成员国之间 8 个不同时区的时间、努力履行好自己的职责。国际会议活动举办方式的变化在为马来西亚参与全球治理所带来挑战的同时也提供了新的渠道。

① "Socso Asked to Find Ways to Ensure Welfare of Freelancers," Bernama, June 1, 2020, https://www.bernama.com/en/general/news.php? id = 1846998，登录时间：2021 年 1 月 14 日。

② "Lindungi Pekerjaan Tidak Formal-PM," Utusan Malaysia, November 5, 2020, https://www.utusan.com.my/berita/2020/11/lindungi-pekerjaan-tidak-formal-pm/，登录时间：2021 年 1 月 14 日。

③ "Malaysia Strives to Coordinate APEC 2020 across Different Time Zones-Azmin," Bernama, November 10, 2020, https://www.bernama.com/en/general/news.php? id = 1899404，登录时间：2021 年 1 月 14 日。

马来西亚的宗教活动受到新冠肺炎疫情的影响而发生改变。马来西亚人口数量最多的马来人大多信仰伊斯兰教，定期到清真寺祈祷是教徒们重要的宗教活动。在新冠肺炎疫情下，马来西亚最高元首以及各州的统治者都通过其宗教领袖的身份倡导教徒避免大规模集会、遵守标准操作程序（Standard Operating Procedure，SOP），以避免新冠肺炎疫情对教徒的生命安全造成威胁。

（二）族群关系变化

在新冠肺炎疫情之下，虽然依旧有政治人物通过炒作种族议题来实现政治目的，但是在民间，马来西亚各族群为抗击疫情而合作，增进相互理解，促进族群关系向好的方向发展。

根据大马国际伊斯兰大学在 2020 年 4 月 24 日至 2020 年 5 月 9 日对 788 位民众进行的调查，超过 80% 的受访者认为，在“行动管制令”期间种族关系变得更加融洽，有 83% 的受访者认为，政府落实的抗疫措施改善了地区居民之间的关系，有 97% 的受访者认为他们的家庭关系获得改善。[①]

五　外交：“应危而增”

由于应对大规模疫情暴发的经验不足，国民联盟政府主动通过外交增加与国际社会的合作以控制新冠肺炎疫情。国民联盟政府抗击疫情的外交策略体现在政府间外交和非政府外交两个方面。

（一）政府间外交

马来西亚政府采取双边外交与多边外交结合的外交策略抗击新冠肺炎疫情。

在双边外交方面，马来西亚与中国和新加坡之间的抗疫合作十分具有代表性。马来西亚与中国的抗疫合作着重经验分享。中国作为最早报告新

① 《IIUM 调查：80% 受访者认为行管期种族关系更融洽》，星洲网，2020 年 5 月 22 日，https：//www. sinchew. com. my/content/content_ 2276664. html，登录时间：2021 年 1 月 14 日。

冠肺炎疫情的国家，率先控制住疫情进入复工复产，中国效率吸引了马来西亚的关注。2020 年 3 月 15 日，马来西亚单日新增确诊病例超 100 例，总理穆希丁于 3 月 18 日宣布马来西亚实施“行动管制令”，这种方式在一定程度上借鉴了中国成功的防疫经验。此外，8 名来自中国广东的医学专家于 4 月 18 日抵达马来西亚，协助马来西亚卫生部抗击新冠肺炎疫情。中国医学专家在访马期间，马来西亚卫生部得知中国正在进行新冠肺炎疫苗第二阶段的临床试验，便自荐参与第三阶段的临床试验。马来西亚与新加坡的抗疫合作突出表现在边境防控上。在第二波疫情暴发后，新加坡副总理兼国家安全统筹部长张志贤（Teo Chee Hean）就及时与马来西亚国防部高级部长伊斯梅尔·萨布里（Ismail Sabri）取得联系，探讨如何解决两国面临的疫情问题。[①] 因马来西亚柔佛州（Johor）有众多“跨堤族”需每天跨越国境到新加坡上班，新马两国多次通过部长级会议协商通行限制与疫情防控问题。

在多边外交方面，在新冠肺炎疫情影响下马来西亚的多边外交进一步发展。马来西亚的抗疫外交平台主要在东盟，延伸扩展至以东亚为主的周边国家。马来西亚参与了自疫情暴发以来东盟关于新冠肺炎疫情防控的所有会议。为促进受新冠肺炎疫情影响地区的经济恢复，马来西亚政府还于 11 月 15 日签署了由东盟牵头、历时 8 年经 31 轮谈判确定的《区域全面经济伙伴关系协定》（Regional Comprehensive Economic Partnership，RCEP）。

（二）非政府外交

马来西亚积极寻求与全球非政府组织合作以尽可能获取更多的新冠病毒疫苗。4 月 3 日，包括马来西亚卫生总监拿督诺希山（Noor Hisham）在内的来自全球 30 多个国家的 70 多名科学家、医生、资助者和政策制定者联合签署声明，发起了一个国际联盟，即“新冠肺炎临床研究联盟”，以

① “Singapore and Malaysia Appoint Senior Ministers to Coordinate Responses on Covid-19,” The Star Online，March 18，2020，https：//www. thestar. com. my/news/nation/2020/03/17/singapore-and-malaysia-appoint-senior-ministers-to-coordinate-responses-on-covid－19 # cxrecs _ s，登录时间：2021 年 1 月 14 日。

在资源匮乏的环境下一同应对新冠肺炎疫情。[①] 9 月 19 日，马来西亚科学、工艺及创新部宣布，政府将参与“疫苗公平分配计划”（COVAX Vaccine Plan），争取为马来西亚获取部分新冠肺炎疫苗。[②] 除此以外，马来西亚还与各国疫苗生产公司积极沟通，以尽快在疫苗研发成功后获得疫苗。据马来西亚新闻媒体报道，马来西亚政府与美国、德国、中国和日本等不同国家的疫苗公司签订疫苗订购协议，以确保本国的疫苗供应。

六　马来西亚 2021 年展望

2021 年，新冠肺炎疫情在全球的蔓延未有减缓趋势，马来西亚的疫情在年初仍然呈现出明显的上升趋势。因此，2021 年疫情仍将对马来西亚的发展产生重要影响。

不过，新冠肺炎疫苗的成功研发和投入使用将在 2021 年遏制新冠肺炎疫情的蔓延。当地时间 2020 年 12 月 11 日，辉瑞新冠肺炎疫苗获得了美国食品药品监督管理总局（Food and Drug Administration，FDA）的紧急使用授权。[③] 辉瑞新冠肺炎疫苗是全球第一个被批准大范围使用的新冠肺炎疫苗。[④] 随着多个品牌疫苗的问世和投入使用，各国的主要防疫手段将逐渐从行动管制转向群体免疫。马来西亚对国际市场的依赖程度高，群体免疫相较行动管制更符合马来西亚的现实需求，必然会成为马来西亚政府的首选。马来西亚总理穆希丁在发表 2021 年新年献词时提出，国盟政府将在 2021 年落实五大目标，其中第一大目标就是“提高公共服务的水平，并在全国推行疫苗计划”[⑤]。在新冠肺炎疫苗普及后，马来西亚 2021 年的政治、

---

① 《逾 30 国专家包括大马发起组织“新冠病毒研究联盟”》，《东方日报》2020 年 4 月 3 日，https：//www. sinchew. com. my/content/content_ 2246542. html，登录时间：2020 年 1 月 13 日。

② 《大马参加疫苗公平分配计划》，《东方日报》2020 年 9 月 19 日，https：//www. orientaldaily. com. my/news/nation/2020/09/19/364559，登录时间：2020 年 1 月 13 日。

③ 《辉瑞/BioNTech 新冠肺炎疫苗获得美国 FDA 紧急使用授权》，澎湃新闻，2020 年 12 月 12 日，https：//baijiahao. baidu. com/s？ id = 1685840070440876658&wfr = spider&for = pc，登录时间：2020 年 1 月 13 日。

④ 《全球第一个获批的新冠肺炎疫苗来了，我们离终结疫情还有多远?》，《时代周报》2020 年 12 月 3 日，https：//baijiahao. baidu. com/s？ id = 1685063362382978757&wfr = spider&for = pc，登录时间：2020 年 1 月 13 日。

⑤ 《总理 5 目标 抗疫复苏经济》，《东方日报》2021 年 1 月 1 日，https：//www. orientaldaily. com. my/news/nation/2020/12/31/384054，登录时间：2020 年 1 月 14 日。

经济、社会和外交发展将迎来新的变化。

在政治方面，政党政治博弈将加剧。随着新冠肺炎疫苗的使用，马来西亚国内新冠肺炎疫情蔓延势头预计将逐渐趋缓。当疫情形势趋缓，其作为促进朝野政党合作的动力就不再充足，马来西亚朝野之间的竞争将再次趋向激烈。马来西亚的“紧急状态”将于 2021 年 8 月 1 日结束，朝野政党的权力博弈很可能在 8 月前后迎来冲突高峰，为马来西亚政局发展再添新的变数。2020 年尚未结束的政治斗争在 2021 年将继续，直到朝野政党势力其中一方在支持率上赢得较为明显的优势。

在经济方面，经济复苏存在较大的不确定性。根据东南亚大型证券经纪商——银河联昌国际证券（CGS-CIMB Securities International Pte. Ltd.，CGS-CIMB）分析师吴丽芳（Ivy Ng Lee Fang）预测：马来西亚 2021 年 1 月“行动管制令”的实施可能导致 2021 年马来西亚国内生产总值增长率减少 0.7% 或约 100 亿林吉特；马来西亚经济每天将遭受 7.5 亿林吉特的损失，高于此前实施“有条件行动管制令”期间每天 2 亿林吉特的损失值；然而，与 2020 年 3 月至 5 月的第一次“行动管制令”期间日均损失 24 亿林吉特相比，本次“行动管制令”的损失没有那么严重。[①] 由该预测以及上文第三部分关于马来西亚国内生产总值同比增长率可以看出，马来西亚经济在 2020 年第二季度之后反弹，其经济发展最糟糕的时刻已过去；但由于国内疫情反复，马来西亚经济复苏的动力依然不足。2021 年，新冠肺炎疫苗将逐渐在全球主要经济体投入使用。疫苗的使用将减少商品货物流通和人员流动限制，助力马来西亚经济恢复，尤其是对该国国民经济影响重大的服务业和制造业的复苏。由于数字经济有助于新冠肺炎疫情下马来西亚经济复苏，预计马来西亚的数字经济、零工经济在 2021 年能延续 2020 年的发展势头，得到进一步发展。

在社会方面，民生福利支出加大。根据马来西亚统计局数据，至 2020 年 12 月，马来西亚失业率为 4.8%。失业人数环比增加 1.1%，即 8500 人，马来西亚失业人口达到 772.9 万人。进入 2021 年，新冠肺炎疫情继续在世界各地蔓延，加上马来西亚单日新增确诊病例数激增，可以预见，马来西亚劳动力市场在 2021 年仍将面临挑战。马来西亚政府在 2021 年将增

---

① “PKP: Ekonomi Hilang RM10 Bilion,” Utusan Malaysia, January 13, 2021, https://www.utusan.com.my/ekonomi/2021/01/pkp-ekonomi-hilang-rm10-bilion/，登录时间：2021 年 1 月 14 日。

加社会福利支出，以减轻民众，尤其是低收入群体的生存负担。2021 年 1 月 18 日，马来西亚政府推出了总价值150 亿林吉特的“经济与人民援助安心配套”计划（Pertubuhan Mahasiswa Istimewa，PERMAI），通过采用补贴及减免费用的形式抗击新冠肺炎疫情、维护人民的福利和支持商业发展，就是政府增加社会民生福利支出的具体措施。

在外交方面，获取新冠肺炎疫苗将是2021 年马来西亚外交活动的重要内容。截至 2021 年 1 月，马来西亚暂无研发本土新冠肺炎疫苗的计划，意味着马来西亚将通过采购新冠肺炎疫苗以实施群体免疫计划。至 2021 年 1 月 15 日，马来西亚已计划采购美国与德国研发的辉瑞新冠肺炎疫苗、英国与瑞典合资公司研发的阿斯利康新冠肺炎疫苗以及中国研发的中国科兴新冠肺炎疫苗，因此围绕疫苗的采购与合作将成为2021 年马来西亚与上述国家开展外交活动的重要内容。

七　结论

因疫情持续时间长、防控难度大以及当地防控经验不足，新冠肺炎疫情成为2020 年全年马来西亚面临的危机。在新冠肺炎疫情之下，马来西亚不同领域的发展呈现出各自的特征。政治领域的特征为“危而不乱”：政治斗争在疫情之下持续时间延长，同时激烈程度又因疫情而有所缓解；经济领域“危中有机”：传统优势产业受到冲击，但数字经济和零工经济都得到了新发展；社会领域“因危思变”，疫情之下马来西亚的活动举办方式和族群关系都发生了相应变化；外交领域“应危而增”，新冠肺炎疫情之下马来西亚的国盟政府因为应对疫情经验不足，面向国际社会的政府间外交和非政府外交都有所增加。

展望2021 年，疫情仍将对马来西亚的发展产生重要影响。马来西亚 2021 年的政治、经济、社会和外交发展将因新冠肺炎疫苗的使用而迎来新的变化：在政治方面，政党政治博弈将加剧；在经济方面，复苏存在较大不确定性；在社会方面，民生福利支出加大；在外交方面，获取新冠肺炎疫苗将是2021 年马来西亚外交活动的重要内容。

Malaysia 2020 Review under the COVID-19 Pandemic

Qin Fulin

Abstract This article takes the COVID-19, which is the most crucial crisis for Malaysia in 2020, as a clue to review the situation changes in politics, economy, society and diplomacy of. Malaysia under the COVID-19 pandemic, changes of Malaysia's situation in 2020 can summarize in different 4 fields as follows: "near-happening riot along with the crisis" in politics, "emerging opportunities along with the crisis" in economy, "changes along with the crisis" in society and "increased cooperation along with the crisis" in diplomacy. Finally, based on Malaysia 2020 review, the situation development of Malaysia in 2021 is projected.

Key Words COVID-19; 2020; Pandemic; Malaysia

Author Qin Fulin, Public Opinion Research Assistant, China-ASEAN Information Harbor Institute of Big Data Research, Guangxi University.

后疫情时代泰国的经济复苏政策

江　涛

【摘要】新冠肺炎疫情重创泰国经济，随着后疫情时代的来临，泰国政府采取了一系列经济政策恢复受疫情影响的社会经济。相较于疫情之初泰国经济的严重萎缩，2020 年第三季度以来泰国经济走势开始回升。从长期来看，全球经济发展的不确定性依然存在，泰国经济增长的机遇与挑战并存。在后疫情时代，泰国经济将迎来漫长的复苏期。

【关键词】新冠肺炎疫情　后疫情时代　经济复苏　泰国

【作者简介】江涛，广西大学中国—东盟信息港大数据研究院舆情助理。

一　引言

2020 年以来，突如其来的新冠肺炎疫情（以下简称“疫情”）在全球蔓延，给全球经济运行带来了重大影响。对于全球多个国家来说，2020 年第二季度，疫情对经济活动影响最大，此后各国经济开始进入复苏阶段。其间疫情虽有反复，但相较于疫情暴发之初，疫情对经济所造成的强烈冲击逐渐缓和，疫情反弹对经济活动的影响有所减弱。①

从 2020 年第三季度开始，全球经济从疫情的阴影中逐步复苏，经济复苏呈向好态势发展。然而，这并不意味着全球经济复苏的前景一片光明。目前，多国出现新冠病毒变异株，全球疫情再度面临严峻态势，全球多个国家很有可能在较长时期里处于疫情防控状态。在此情况下，如何在后疫

① 朱海斌：《后疫情时代的共识和分歧》，《金融市场研究》2021 年第 6 期，第 9—16 页。

情时代的防控常态化中恢复经济成为包括泰国在内的多国政府面临的主要问题。

自 2020 年初泰国发现首例新冠肺炎确诊病例以来，泰国先后经历了三波新冠肺炎疫情（参见图 1）。第一波疫情持续时间大致为 2020 年 3 月中旬至 2020 年 4 月下旬。在泰国政府外防人员输入、内限人员流动的管控下，第一波疫情被快速控制住。第二波疫情持续时间大致为 2020 年 12 月下旬至 2021 年 2 月初，虽然最高单日确诊病例超过千例，但由于泰国政府在疫情暴发后迅速对暴发点采取了较为严格的封锁措施，此轮疫情未及大范围扩散便得以控制。第三波疫情则是从 2021 年 4 月中旬开始，单日确诊病例已连续破万例。与前两波疫情相比，这波疫情主要由传播性更强的新冠病毒变异株引发，给泰国的防控工作带来更严峻的挑战。

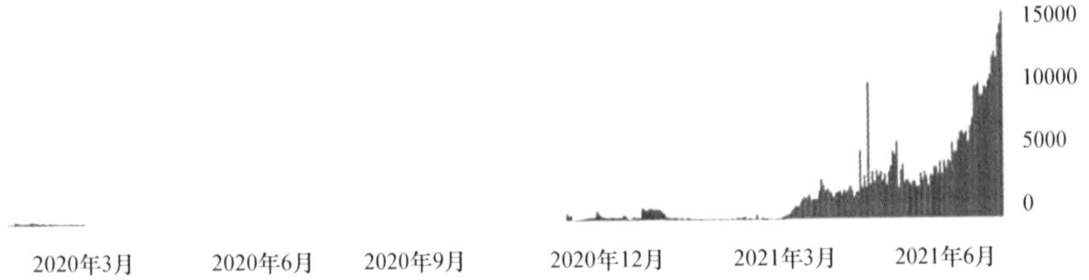

图 1　泰国单日新增新冠肺炎病例统计（例）

资料来源：世界卫生组织。

由于疫情防控需要，泰国政府采取了一系列严格的管控措施，导致以旅游和出口为主要增长动力的泰国经济遭受巨大打击。与全球多个国家一样，泰国政府面对着疫情管控和经济复苏的艰难平衡。但整体而言，出于对恢复社会经济活动的需要，以及吸取了快速控制住第一波疫情的经验，在第二波、第三波疫情蔓延时，泰国政府在出台防控政策时显得更加谨慎，避免干扰经济复苏的步伐。自 2020 年第三季度开始，泰国经济走出低谷，呈现出复苏迹象，但未来衰退风险犹存。在后疫情时代，在疫情防控常态化下恢复经济已然成为泰国政府的优先事项。

二　新冠肺炎疫情对泰国经济的影响

2019 年以来，受全球经济增长放缓、中美贸易摩擦及泰国国内旱情影响，泰国经济呈下行趋势。自 2020 年初以来，泰国暴发的新冠肺炎疫情，进一步打击了国内经济发展。在第一轮疫情暴发期间，泰国政府采取了严格的防控措施，尤其是在宣布实施《紧急状态法》后，民众出行受限，商场被暂时关闭，整个社会的经济活动几乎处于停滞状态。

在贸易方面，由于全球各国为防控疫情采取了不同程度的封锁措施，并且发布禁航令，国际贸易受到影响。2020 年第一季度，泰国进出口陷入收缩状态，2020 年第二季度则大幅下滑（参见图 2）。

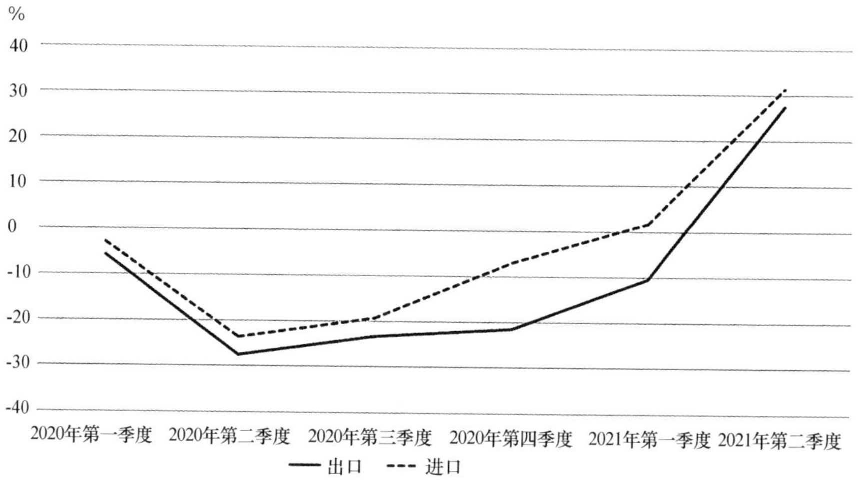

图 2　2020 年第一季度至 2021 年第二季度泰国进出口变化情况

资料来源：泰国国家经济与社会发展委员会。

在就业方面，由于疫情对生产和消费活动带来冲击，多个行业面临危机。此外，多个国家和地区因疫情颁布了境外旅行禁令，泰国也禁止境外人员入境，赴泰外国游客减少，多家酒店关停，相关服务业企业纷纷裁员。2020 年第二季度，泰国失业率猛涨（参见图 3），且由于疫情的反复，失业情况并未有明显好转。

在投资方面，由于泰国基础设施建设较为完善，劳动力成本相对便宜，营商环境良好，多年来一直是境外投资者青睐的投资目的地。但疫情导致全球产业链、供应链中断，相关投资活动受到负面影响。2020 年第二季度，泰国的外商直接投资额减少（参见图 4）。此外，2020 年 10 月，泰国发生大规模示威游行，影响投资者信心，致使 2020 年第四季度

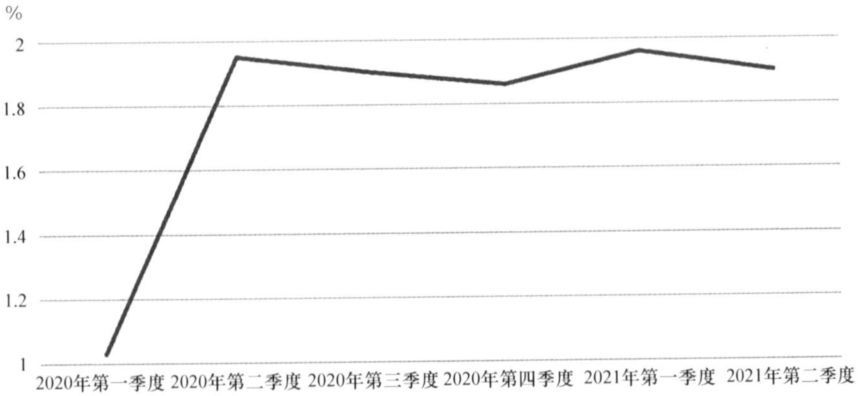

图 3　2020 年第一季度至 2021 年第二季度泰国失业率

资料来源：Trading Economics.

外商直接投资额大幅下降。虽然 2021 年第一季度外商直接投资额有所回升，但自 2021 年 4 月以来，泰国第三轮疫情持续恶化，预计将对投资造成不利影响。

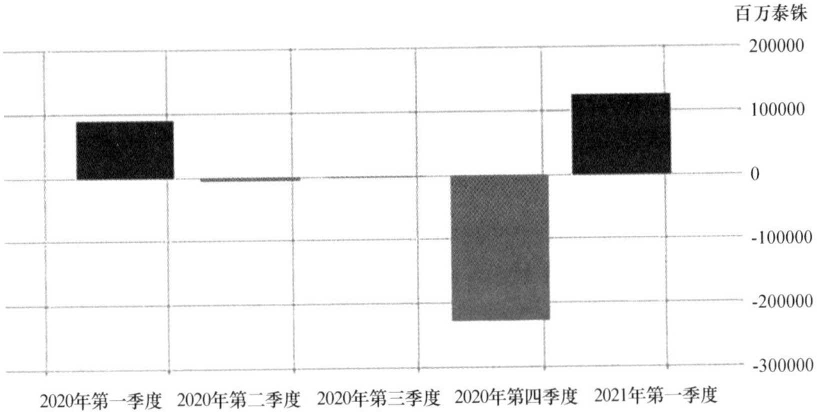

图 4　2020 年第一季度至 2021 年第一季度泰国外商直接投资情况

资料来源：Trading Economics.

综上所述，自疫情在泰国暴发以来，泰国政府在不同阶段采取了不同程度的防控措施，社会生产活动受到影响。2020 年，泰国经济萎缩 6.1%，创过去 22 年历史新低。[①] 2021 年上半年，泰国经济复苏回暖。但疫情的反复使泰国经济活动在“防控—放松—防控”中来回拉锯，这将会减缓泰国经济复苏的进程。在后疫情时代，恢复经济是泰国政府长期面临的问题。

三　泰国的经济复苏政策

自泰国暴发第一波新冠肺炎疫情以来，泰国政府出台了多项政策措施，旨在稳定和恢复经济（参见表 1）：一是放宽金融，保证市场流动性，以应对疫情带来的经济风险；二是加大财政支持力度，帮助企业纾困；三是发放补助，刺激国民消费；四是逐步开放国门，恢复旅游业。

表 1　**2020—2021 年泰国政府主要的经济政策措施**

日期	主要经济政策措施
2020 年 3 月 19 日	泰国央行斥资超过 1000 亿泰铢购买政府债券
2020 年 3 月 20 日	泰国央行降息 25 个基点，将政策利率下调至 0.75%
2020 年 4 月 23 日	泰国央行启动“软贷款”援助措施
2020 年 5 月 20 日	泰国央行再度降息 25 个基点，将政策利率下调至 0.5%
2020 年 5 月 21 日	泰国工业园区管理局出台土地及房屋租金减免措施
2020 年 5 月 31 日	泰国国会审议通过 3 份总规模达 1.9 万亿泰铢的贷款法案
2020 年 6 月 16 日	泰国内阁通过刺激旅游业复苏项目“旅游分享幸福”套餐
2020 年 8 月 4 日	泰国内阁批准由财政部向亚洲开发银行（Asian Development Bank，ADB）贷款 15 亿美元，用于恢复经济和社会
2020 年 9 月 16 日	泰国经济形势管理中心会议通过“一人一半”项目
2020 年 9 月 26 日	新冠肺炎疫情管理中心批准特别旅游签证（Special Tourist Visa，STV）
2020 年 10 月 23 日	泰国商业部启动“购物退税”措施
2020 年 12 月 16 日	泰国政府启动“一人一半”第二期项目，增加 500 万个申请名额
2021 年 1 月 19 日	泰国内阁通过“我们胜利”纾困援助计划，将于 2021 年 2—3 月向受持有国家福利卡的低收入者每人发放总共 7000 泰铢的补助金

① “GDP ปี 63 หดตัว 6.1% ต่ำสุดในรอบ 22 ปี”，กรุงเทพธุรกิจ，16 กุมภาพันธ์ 2564，https：//www.bangkokbiznews.com/news/detail/922845，登录时间：2021 年 2 月 17 日。

续表

日期	主要经济政策措施
2021年2月21日	泰国政府启动“我们互爱”刺激消费措施，通过“电子钱包”向非社保体系内的人士每周发放1000泰铢，共发放4周，用于购买商品和作为交通出行费用
2021年5月5日	泰国内阁批准“一人一半”第三期项目，实施时间为7月至12月
2021年6月10日	泰国国会通过5000亿泰铢贷款法案，旨在恢复社会和经济
2021年7月1日	泰国“普吉沙盒”计划正式实施，开放国门迎接外籍游客

资料来源：笔者根据各大官方网站、新闻网站资料整理。

（一）实施宽松的金融货币政策，保证市场流动性

疫情引发经济下行风险的不确定性加大。为稳定经济系统，一方面，泰国央行多次降息，将政策利率维持在0.5%的水平上，让更多的资金流入市场。另一方面，泰国央行通过购入国债，增加货币供应来增加消费和投资的总需求，保持金融稳定，以应对新冠肺炎疫情所带来的经济风险。

（二）加大财政支持力度，帮助企业纾困

为防控疫情蔓延，泰国政府出台了一系列防控措施，导致社会生产生活受到影响，企业面临严重的经营困境。为此，泰国政府加大财政投入，启动低息贷款和税费减免等措施，助力企业摆脱经济困境。一方面，为解决新冠肺炎疫情所带来的问题，泰国国会先后通过规模分别达1.9万亿泰铢和5000亿泰铢的贷款法案，为企业、员工以及国民提供紧急经济救助，扶助与刺激社会经济发展。此外，泰国财政部向亚洲开发银行贷款15亿美元，为政府在控制疫情传播、扶持商业和拓宽社保受益群体等方面的预算提供关键支持。[①] 另一方面，泰国政府积极采用多项措施，帮助企业缓解资金压力，激发市场活力。例如，2020年4月，泰国央行启动“软贷款”援助措施，为企业提供贷款优惠等，帮助企业提高流动性。此外，泰国中小企业发展银行启动规模为30亿泰铢的低息贷款项目，以解决中小企业融

① 《泰向亚行寻求15亿美元的抗疫贷款》，泰国中华网，2020年8月5日，https://thaizhonghua.com/2020/08/05/87820.html，登录时间：2020年8月6日。

资难的问题。① 2020 年 5 月，泰国工业园区管理局通过降低园区企业管理费、减免园区内部分企业申请手续费和减免土地或房屋租金三大措施，减轻企业经营压力。②

（三）发放财政补助，刺激居民消费

刺激消费、提振内需是泰国政府恢复经济的又一工作重心。一方面，为刺激国内旅游，政府大力支持“旅游分享幸福”套餐项目（แพ็คเกจ “เที่ยวปันสุข”）。该项目包含三大旅游优惠套餐措施：（1）“鼓励”项目（แพ็คเกจ “กำลังใจ”），为了奖励抗疫医务人员，政府为医务人员提供出差考察或者培训的预算，每人可获得 2000 泰铢；（2）“一起去旅游”项目（แพ็คเกจ “เราไปเที่ยวกัน”），政府为民众支付 40% 的住宿费，每人不超过 3000 泰铢；（3）“旅游分享幸福”项目，政府为民众支付 40% 的机票费或租车费。③ 另一方面，为刺激消费，泰国政府出台多项政策，包括“一人一半”（“คนละครึ่ง”）、“购物退税”（“ช้อปดีมีคืน”）、“我们胜利”（“เราชนะ”）、“我们互爱”（“ม.33 เรารักกัน”）等项目稳定国民生活，鼓励消费支出。首先，“一人一半”是泰国政府向受疫情影响的泰国公民发放救济金的项目。参加该项目的泰国公民每人最多可领取 3000 泰铢/月的救助金。救济金主要供民众购买食物、饮品及日常生活用品使用。该项目最早于 2020 年 10 月实施，随后不断增加申请名额，目前该项目已进行到第三期。“购物退税”措施于 2020 年 10 月 23 日至 12 月 31 日实行。泰国民众在这一期间购买商品和服务的消费金额可抵扣个人所得税，每人最高抵扣额为 3 万泰铢。④ “我们胜利”是通过向低收入群体发放补助金，用于购买商品或支付出行费用，民众可以通过三种方式参与该项目（参见表 2）。“我们互爱”项目是向非社保系统内的民众发放补助，项目实施期限为 2021 年 3 月 22 日—4

---

① 《30 亿泰铢低息贷款支援 SMEs 企业》，泰国中华网，2020 年 7 月 30 日，https：//thaizhonghua. com/2020/07/30/87577. html，登录时间：2020 年 7 月 30 日。

② 《工业园区管理局减免土地房屋租金》，泰国《世界日报》，2020 年 5 月 23 日，http：//www. udnbkk. com/article-299221 - 1. html，登录时间：2020 年 5 月 23 日。

③ “‘เที่ยวปันสุข’ ได้ข้อสรุปแล้ว รับสิทธิ 3 เด้ง ‘แจกเงินเที่ยว’ เช็กด่วน”, ฐานเศรษฐกิจ, 16 มิ.ย. 2563, https：//www. thansettakij. com/content/business/438383，登录时间：2020 年 6 月 17 日。

④ 《泰国推出“购物退税”措施刺激消费》，中国新闻网，2020 年 10 月 12 日，http：//www. chinanews. com/gj/2020/10 - 12/9311084. shtml，登录时间：2020 年 12 月 15 日。

月 12 日。政府每周向符合条件的民众发放 1000 泰铢，旨在增强民众的购买力。参加该项目的人士必须满足以下所有条件：非政府福利卡持有者、未参与“我们胜利”项目及个人账户存款金额不超过 50 万泰铢。目前，由于疫情反复，上述多项经济政策仍在延长实施期限。

表 2　泰国“我们胜利”项目针对的目标群体

目标群体	扶助金额	启动时间
持政府福利卡注册的人士	675—700 泰铢/次	2021 年 2 月 5 日
通过电子钱包注册的人士	1000 泰铢/次	2021 年 2 月 18 日
持身份证注册的人士	1000 泰铢/次	2021 年 3 月 5 日

资料来源：泰国“我们胜利”项目网站。

（四）逐步开放国门，恢复旅游业

泰国经济严重依赖旅游业。为恢复受疫情重创的旅游业，泰国政府一直希望能早日重开国门，以增加国家收入。目前，泰国主要通过两项措施吸引外国游客回归。一是推出 STV。2020 年 10 月，泰国政府针对疫情低风险国家和地区推出了特别旅游签证（Special Tourist Visa，STV），申请此类签证的费用为 2000 泰铢，入境后可在泰国居留 90 天，可续签两次。二是实施“普吉沙盒”（Phuket Sandbox）计划。该计划是为外国游客在免隔离的情况下赴泰国旅游而设立，旨在帮助泰国旅游业复苏。根据泰国政府的规定，申请入境泰国到普吉岛旅游的外国人士须在入境前办理各种符合泰方防疫规定的入境手续，外国游客在进入普吉岛后不必在酒店内隔离，可以在岛上各地旅游。自2021 年 7 月 1 日起，普吉岛作为泰国重开国门的先行试点，已对全球游客开放。继普吉岛向全球游客恢复开放后，泰国政府正逐步扩大开放区域。目前，泰国还启动“苏梅 +”模式（Samui Plus Model）①，迎接

① “苏梅 +”模式包括开放苏梅岛及其附近的帕岸岛、龟岛，这三座岛屿均为泰国南部素叻他尼府境内的著名旅游胜地。游客在登岛后，需要先在酒店进行短期隔离，接下来可在限定区域活动。游客须在 14 天内进行共三次新冠病毒核酸检测。三次核酸检测均确认阴性后，从第 15 天开始，游客可前往泰国其他地区继续旅行。详见《泰国继普吉岛后开放第二座旅游岛屿》，央视新闻，2021 年 7 月 15 日，http：//m. news. cctv. com/2021/07/15/ARTImyzWwMI50TqTNxgU1eZE210715. shtml，登录时间：2021 年 7 月 16 日；《泰国苏梅岛重新对外开放 迎来首批国际游客》，中国新闻网，2021 年 7 月 16 日，https：//m. chinanews. com/wap/detail/chs/pic/147618. shtml，登录时间：2021 年 7 月 16 日。

国际游客。

四 泰国经济政策的实施效果

自 2020 年 5 月以来，随着泰国第一波新冠肺炎疫情得到控制，泰国政府逐步出台各项措施刺激消费、扶持企业，社会经济活动得到持续恢复。自 2020 年第三季度以来，恢复经济的各项政策作用开始显现，多项经济指标开始回升。如图 5 所示，泰国国内生产总值在 2020 年第二季度大幅锐减至负增长 12.2% 后，从第三季度起缩幅逐步收窄，并于 2021 年第二季度出现了 7.5% 的正增长。诚然，7.5% 的正增长除了得益于持续的经济刺激措施外，更重要的因素是 2020 年同期的国内生产总值基数低，经济增长空间大。从整体来看，泰国经济仍呈复苏之势，但复苏进程缓慢。

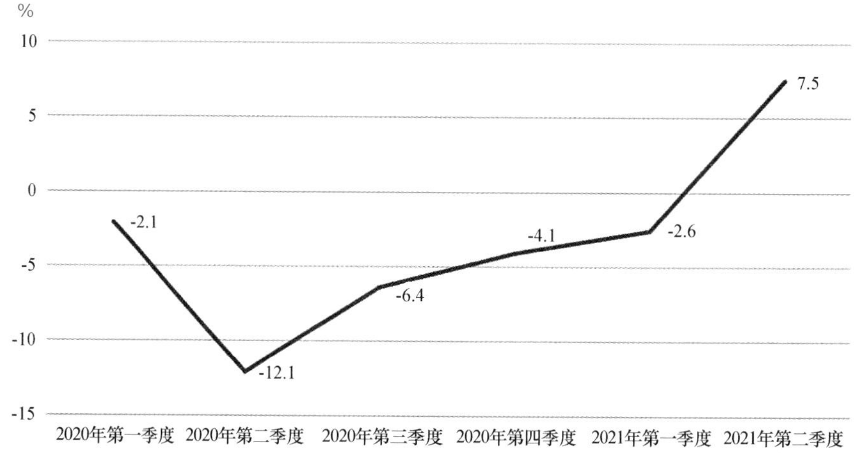

图 5　2020 年第一季度至 2021 年第二季度泰国国内生产总值增长率

资料来源：Trading Economics.

（一）出口成为拉动泰国经济增长的重要引擎

从出口情况来看，由于全球部分国家的疫情形势好转，逐步有限制地开放国门。泰国政府积极扶持企业复工复产，企业生产重启。在国内和国外需求逐步恢复的情况下，泰国制造业缓慢复苏。但由于疫情反复，泰国制造业呈“W”形曲折复苏。如图 6 所示，泰国制造业采购经理指数（Purchasing Managers'Index，PMI）在 2020 年 4 月跌底之后逐步回升，但回升进程受到第二波和第三波疫情的干扰，其间偶有回落的情况。另外，2020 年以来，泰国制造业 PMI 多位于荣衰分界线①以下，说明泰国制造业的扩张力度虽然有所减弱，但整体呈复苏之势。此外，得益于制造业的复苏，汽车、电子零件、食品等产品出口增加。另外，泰国商业部出台线上线下展销会、推介会、商洽会等多项措施大力促进农产品出口，使得泰国出口在经历了 2020 年第二季度的大幅萎缩后，自第三季度起持续强劲复苏（参见图 7），出口贸易额稳步提升。出口成为拉动泰国经济增长的重要引擎。

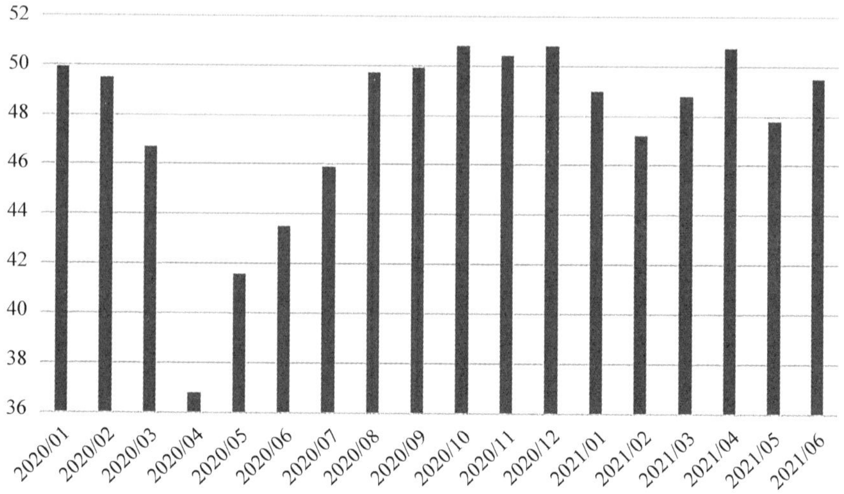

图 6　2020 年 1 月至 2021 年 6 月泰国制造业 PMI

资料来源：Trading Economics.

---

① 制造业采购经理指数是反映一国制造业整体荣衰情况的综合指标，其以 50 为荣衰分界线，一般认为，若一国制造业 PMI 高于 50，则该国的制造业处于扩张发展状态；若低于 50，则认为该国制造业处于下降状态。详见《疫情下东盟制造业 PMI 发展与中国经济复苏的溢出效应》，中国—东盟研究院，2020 年 9 月 21 日，https：//cari. gxu. edu. cn/info/1354/18704. htm，登录时间：2021 年 7 月 20 日。

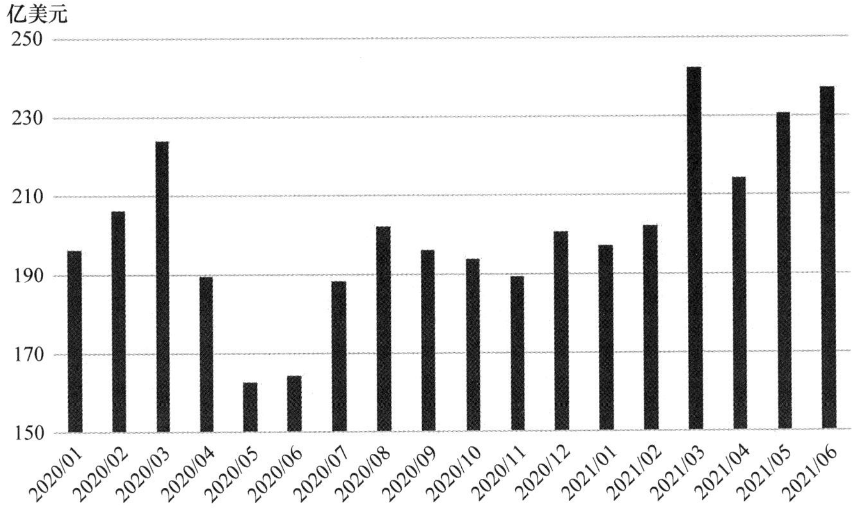

图7　2020年1月至2021年6月泰国出口贸易额

资料来源：Trading Economics.

（二）消费刺激政策效果不明显

从消费来看，由于泰国政府在短期内快速控制住第一波疫情，增强了民众对经济复苏的信心。加上泰国央行将政策利率维持在低位，泰国政府出台了“一人一半”“一起去旅游”“购物退税”等一系列促进消费的项目，2020年5月至11月，泰国消费者信心指数逐渐回升（参见图8）。2020年12月，泰国暴发第二波疫情，政府又重启了防疫措施，消费者对经济前景感到担忧。但得益于“我们胜利”“我们互爱”等经济援助措施，消费者信心指数在2021年2月得以回升。自2021年4月以来，第三波疫情汹涌来袭且不断恶化，泰国新冠肺炎确诊病例呈指数级增长，医疗系统超负荷运转，且泰国疫苗接种工作推进迟缓，给泰国经济复苏前景平添了不确定性。旅游及相关产业萧条问题让民众对经济前景仍感到担忧，从而抑制了消费需求。政府出台的刺激消费措施收效不明显。

（三）投资增长水平在低位游走

从投资来看，虽然疫情的暴发使产业链、供应链持续中断，投资相

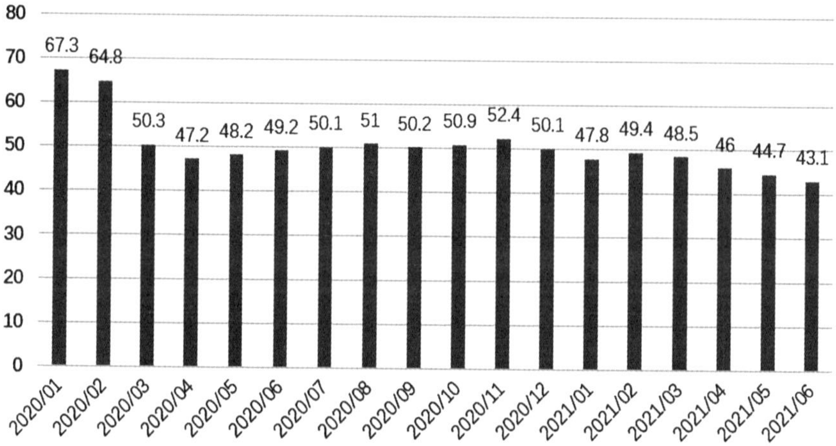

图 8　2020 年 1 月至 2021 年 6 月泰国消费者信心指数

资料来源：泰国商会大学经济与商业预测中心。

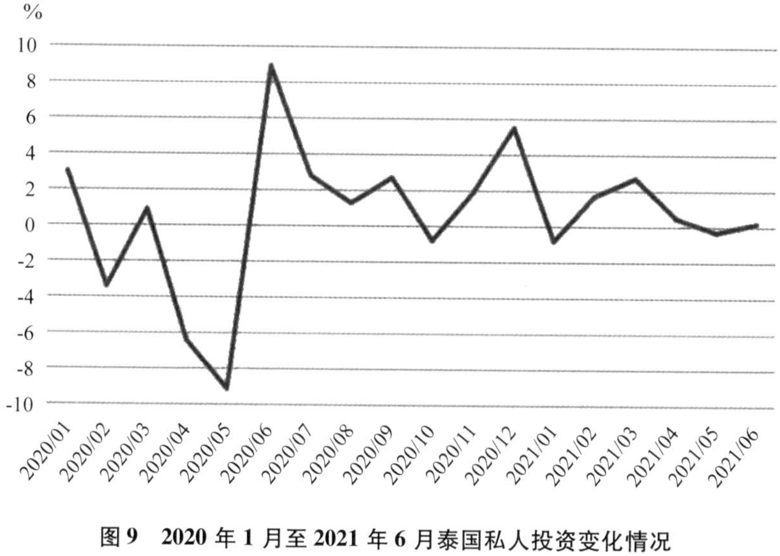

图 9　2020 年 1 月至 2021 年 6 月泰国私人投资变化情况

资料来源：Trading Economics.

应减少，但相较于对消费的影响，疫情对投资的影响较小。一方面，疫情推动了医疗卫生、数字经济、清洁能源等领域的新增投资。另一方面，泰国政府密集推出一系列扩张性财政政策，为受疫情影响的企业降减税费，尤其是泰国工业园区管理局出台一系列减租、免租措施，有利于企业维持一定的投资水平。相较于 2020 年 4 月与 5 月私人投资的大幅收缩，2020 年 6 月泰国私人投资恢复正增长（参见图 9）。自 2020 年 7 月中旬开始，泰国持续发生反政府示威活动。同时自 2020 年末以来，泰国疫情反复，第三波疫情对泰国的医疗卫生系统造成巨大压力。尽管私人投资整体呈增长趋势，但上述因素影响了投资者的信心，导致投资增长持续在低水平徘徊。

由此可见，在疫情反复的情况下，全球经济复苏所面临的不确定因素增多。对此泰国政府出台了多项经济政策稳定出口、消费和投资，但成效不如预期。虽然出口表现出强劲的复苏势头，但在缺乏国内消费支撑和有限的外资流入下的单核驱动模式将使泰国经济复苏周期延长。

五　结语

在疫情肆虐之前，泰国经济就已经显现出增长乏力的趋势。在疫情暴发之后，泰国经济进一步下行。因此，在控制住第一波疫情后，泰国政府便推出一系列经济措施，通过实施宽松的货币政策、加大财政援助、刺激消费需求等推动经济的复苏，促使多项经济指标好转，但政策的实施成效不如预期。虽然出口端表现强劲，但消费端和投资端发力仍显不足。展望 2021 年下半年，由于疫苗接种进程加快，推动了群体免疫的形成，疫情对经济活动的冲击将逐渐减弱。随着全球经济活动重启，泰国经济迈出了缓慢复苏的步伐，但未来衰退风险犹存。在后疫情时代，泰国经济仍面临多重机遇和挑战。

（一）机遇

一是《区域全面经济伙伴关系协定》（Regional Comprehensive Economic Partnership，RCEP）即将生效。当今世界局势风云变幻，后疫情时代的全球经济秩序发生新变化，“逆全球化”声浪有所高涨。RCEP 的签署将推进多边贸易体制的形成，推动全球经济走向更加自由的贸易。RCEP 实施后，各成员国进一步开放市场，将催生泰国各行业巨大的发展潜力，有助于增加泰国商品的竞争力。RCEP 所有成员国均表示，将在 2021 年底前批准协定，推动协定于 2022 年初生效。除了中国、新加坡外，泰国也已经完成 RCEP 核准程序。泰国企业可以在协定正式生效前，加快对 15 个成员国的进口税率进行研究，以便在与成员国贸易竞争中抢占先机。

二是泰国与多个国家签署“迷你版”自贸协定（Mini Free Trade Agreement，Mini FTA）。为了加快经济复苏的步伐，为泰国商品提供便利，泰国政府自 2020 年以来加快推进签署 Mini FTA 的工作。2021 年 7 月 12 日，泰国国际贸易厅与日本山梨县甲府市（Kofu City，Yamanashi Prefecture，Japan）签署 Mini FTA，促进泰国珠宝首饰产业的发展。2021 年 8 月 20 日，泰国国际贸易厅和中国海南省商务厅签署 Mini FTA。[①] 这些 Mini FTA 的签署将为泰国企业尤其是中小企业创造更多的商机，不仅是传统贸易和投资，还包括跨境电商的广泛合作。接下来，泰国还将与印度特伦甘地邦（Telangana State，India）、韩国京畿道（Gyeonggi Province，Korea）签署 Mini FTA，以加强双方中小企业在贸易和投资方面的合作。

三是群体免疫的形成助力旅游业复苏。随着全球疫苗接种率不断提高，群体免疫屏障日渐形成，旅游业逐步恢复。泰国是全球对旅游业依赖极高的国家之一，旅游从业者超过 700 万人。[②] 自 2021 年 7 月以来，泰国政府通过“普吉沙盒”计划重开国门。截至 8 月 13 日，已经有近 2 万名外籍游客入境，创收超过 10 亿泰铢。此外，泰国还逐步开放了普吉、苏梅、甲米、攀牙等旅游目的地，助力旅游业复苏。虽然疫情仍在蔓延，但泰国总理巴育·占奥差（Prayut Chan-o-cha）提倡适应“与病毒共存”的新常态，坚持开放国门，以拯救泰国旅游业，为国家创收。

（二）挑战

一是美国取消对泰国的普惠制待遇。从 2021 年 1 月起，美国取消对泰国的普惠制待遇，泰国商品在美国市场上失去关税优势，导致泰国对美国的商品出口面临巨大挑战，泰国的经济复苏需要更长时间。

二是疫苗接种工作推进迟缓削弱了旅游业的复苏动力。自疫情发生以

① “พาณิชย์เซ็น Mini FTA ไทย–ไห่หน่าน ดันเพิ่มมูลค้าการค้าให้ได้ 12，000 ล้านบาท”，กรุงเทพธุรกิจ，20 สิงหาคม 2564，https：//www. bangkokbiznews. com/news/detail/955849，登录时间：2021 年 8 月 20 日。

② 《泰国预计旅游业在 2026 年恢复正常》，环球网，2021 年 5 月 25 日，https：//finance. huanqiu. com/article/43GLl1qt6Cr，登录时间：2021 年 8 月 20 日。

来，新冠肺炎病毒不断突变。变异病毒的传播威胁着全球经济复苏。疫苗接种进展是决定经济走势的重要因素。自 2020 年末以来，泰国政府共向英国阿斯利康（Astra Zeneca）制药公司订购了 6100 万剂阿斯利康疫苗，英国阿斯利康制药公司计划于 2021 年 6—12 月分批向泰国交付上述疫苗。但受多种因素的限制，计划未能如期进行，泰国收到的阿斯利康疫苗数量远低于预期。疫苗接种工作推进迟缓，如果泰国疫情持续或暴发新一波疫情，会推迟旅游业恢复进程，从而对就业和消费产生持续影响，进而拖慢泰国经济复苏步伐。

三是政局持续动荡影响投资者的信心。在泰国政府全力争取经济复苏之际，反政府示威活动持续不断，加剧了外商对投资泰国的担忧。近期，由于第三波疫情久未消散，泰国国内民粹主义抬头，批评政府防疫不力，示威活动重燃，使疫情防控难度加大，泰国经济复苏面临更大的阻力。

Thailand Economic Recovery Policies in the Post-Pandemic Era

Jiang Tao

Abstract The COVID-19 pandemic has hit Thailand economy hard. With the advent of the post-pandemic era, the Thai government has adopted a series of economic policies to recover the affected society and economy. Compared with the severe contraction at the beginning of the pandemic, Thailand economy has returned to growth since the third quarter of 2020. However, the uncertainty of global economic development still exists in the long run, and Thailand economic growth faces both opportunities and challenges. In the post-pandemic era, Thailand economy will face a long recovery cycle.

Key Words the COVID-19 Pandemic; the Post-pandemic Era; Economic Recovery; Thailand

Author Jiang Tao, Public Opinion Research Assistant, China-ASEAN Information Harbor Institute of Big Data Research, Guangxi University.

国别研究

Country Studies

美菲关系分析

——以一波三折的《访问部队协议》为例

范新婧

【摘要】自2020年2月菲律宾政府宣布暂时终止与美国签署的《访问部队协议》以来，《访问部队协议》一波三折。在新冠肺炎疫情持续蔓延、美国拜登政府上台以及菲律宾2022年大选筹备工作开始之际，《访问部队协议》再生波折。本文对2020年以来《访问部队协议》历经波折的表现及原因进行梳理，同时总结《访问部队协议》一波三折对美菲两国所产生的影响，从而对未来美菲关系走向进行梳理与分析。

【关键词】菲律宾　美国　《访问部队协议》　美菲关系

【作者简介】范新婧，广西大学中国—东盟信息港大数据研究院舆情助理。

一　引言

《访问部队协议》是美国与菲律宾在1998年签署的重要军事协议，《访问部队协议》与美菲两国于1951年签署的《共同防御条约》及2014年签署的《加强防务合作协议》共同构成两国在安全合作方面的三大重要军事协议。

《访问部队协议》自签署后似乎在“平淡”中走过了20余年。然而进入2020年，《访问部队协议》波折不断。2020年2月11日，菲律宾首次提出终止《访问部队协议》。之后，菲律宾又连续两次宣布“暂停终止”该协议。菲律宾外交部曾根据罗德里戈·杜特尔特（Rodrigo Duterte）总统的命令，向美国驻菲律宾大使馆发出终止《访问部队协议》的外交照会，使长久以来的美菲同盟关系受到严重冲击。2021 年 7 月 29 日，菲律宾总统杜特尔特在菲律宾总统府会见来访的美国国防部长劳埃德·奥斯汀（Lloyd Austin），双方宣布恢复《访问部队协议》。菲律宾虽然恢复了《访问部队协议》，但仍与美国保持一定的距离，或借助恢复该协议之名，从美方寻求更大的利益。毕竟就菲律宾国内形势来看，新冠肺炎疫情后的经济复苏才是菲律宾政府工作的重中之重。

二 《访问部队协议》签署的背景及意图

作为美菲两国间的重要军事协议之一，《访问部队协议》为美军重返菲律宾提供了法律保障。该协议规定了美方军人、军事相关人员以及军事装备进入菲律宾的条件、活动范围以及可获得的便利，其中包括双方举行军事演习的相关内容。[①] 根据该协议，美国自 2002 年起开始向菲律宾派遣军事人员，帮助菲律宾政府打击与“基地”武装有联系的极端组织，包括训练菲律宾军队及提供后勤支援等。

（一）《访问部队协议》签署的背景

菲律宾成为美国的殖民地长达近半个世纪之久。长期以来，美菲两国保持着密切的“特殊关系”。冷战结束后，由于菲律宾民族主义的兴起，菲律宾人要求收回美国在菲律宾占用的军事基地的呼声越来越强烈，美菲关系也曾因此陷入低潮。1991 年 9 月 16 日，菲律宾参议院最终否决了有关苏比克湾海军基地（Subic Bay Naval Base）的续租协议，废除美菲军事基地协定。时任菲律宾总统贝尼尼奥·阿基诺（Benigno Aquino）宣布中止《美菲军事基地协定》，并要求美军在 1992 年前正式撤离菲律宾。[②] 1992 年美军从菲律宾军事基地撤离，但美菲双方同意在两国共同的防御条约框架下进行防务合作，包括菲律宾允许美国的飞机和军舰定期使用苏比克基地的设施，两国每年举行联合军事演习等。在这期间，尽管美菲两国

---

① 《菲律宾决定再度终止与美国的访问部队协议》，新华网，2020 年 11 月 11 日，https：//baijiahao. baidu. com/s? id = 1683063108244899541&wfr = spider&for = pc，登录时间：2020 年 12 月 11 日。

② 陈丙先、李涛：《菲律宾概论》，世界图书出版广东有限公司 2012 年版，第 348 页。

仍保持着一定的经济与军事联系，但美国为菲律宾提供的经济与军事援助已明显减少。对菲律宾来说，单是美国原本租用军事基地的租金就是一笔不小的损失。1996 年，美菲两国间的联合军事演习因司法管辖权问题发生分歧而中断。与菲律宾联合军事演习的中断削弱了美国在东南亚的军事势力。因此，为了恢复两国间的联合军事演习，重返菲律宾，美国做出了很大的努力。经过多次协商，双方于 1998 年 2 月共同签署了《访问部队协议》。1999 年 5 月，菲律宾参议院最终通过了该协议。根据该协议，美国的军舰可以停靠菲律宾港口，美军也可以上岸对菲律宾进行访问，美菲两国还可以通过联合军事演习、舰艇访问等形式展开军事合作。该协议的正式签署是自 1992 年美国撤离菲律宾军事基地以后两国国家安全关系发展的重大突破。在该协议的推动下，美菲两国的军事交流活动日益频繁。

（二）《访问部队协议》签署的意图

《访问部队协议》的正式签署，对美菲两国来说都是一件“皆大欢喜”的事情，美菲两国签署该协议的根本意图是达成各自的目标。

对菲律宾来说，获得来自美国的援助与庇护是其与美国签署《访问部队协议》的主要意图。首先，菲律宾与美国签署该协议，有助于菲律宾与美国保持密切联系，从而使菲律宾在经济方面获得更多来自美国的投资与援助。1993 年至 1997 年，美国对菲律宾累计投资达 18 亿美元，成为菲律宾最大的外资来源国。1997 年亚洲金融危机对包括菲律宾在内的亚洲各国造成巨大冲击。金融危机导致菲律宾社会经济萧条，多家企业倒闭，进而致使工人失业，贫困问题更加突出。尽快恢复受金融危机严重冲击的国内经济以及改善民生等事宜成为当时菲律宾政府的工作重点。菲律宾清楚地认识到，与美国保持密切的经济联系能够使其获得美国源源不断的经济援助，这对菲律宾改变当时的经济现状继而顺利渡过金融危机难关的意义重大。其次，菲律宾与美国签署该协议还有助于双方保持密切的军事联系，从而得到美国的“安全庇护”和军事援助。1997 年亚洲金融危机后，菲律宾国内经济萧条，菲律宾缺乏足够的资金用于国防建设和军事力量的发展。受冷战思维的影响，在南海相关问题上，当时的菲律宾政府把中国视为“最大的威胁”。因此，在 1992 年美国军队撤离菲律宾后，时任菲律宾总统约瑟夫·埃斯特拉达（Joseph Estrada）因希望得到美国的“安全庇护”而试图改善一度陷入低谷的美菲关系。菲律宾希望获得美国的支持，以便在必要的时候借助美国力量在南海问题上与中国对抗。此外，菲律宾是一个军事实力十分弱小的国家，与美国签署《访问部队协议》还有利于菲律宾获得美国的军事援助，提高自身的国防能力，从而推动军事现代化进程。基于以上几个意图，菲律宾与美国签署《访问部队协议》的意愿十分强烈。

对美国而言，重返亚洲军事基地，维护并扩大自身影响力是其与菲律宾签署《访问部队协议》的根本意图。1992 年美军从菲律宾撤离后，其在东南亚的影响力和军事作用也随之减弱。冷战结束后，美国成为世界上唯一的超级大国，苏联在东亚地区的势力撤出后留下权力真空。为了扩张在东亚地区的军事影响力，巩固霸主地位，美国曾经试图在泰国、马来西亚等东南亚国家建立新的军事基地，但均以失败告终。因此，美国意识到重返菲律宾似乎是一个不错的选择。1997 年的亚洲金融危机为美国重返菲律宾提供了机会，此次金融危机使包括菲律宾在内的东盟国家的综合实力大减，国防力量大幅下降。美国以与东南亚国家进行军事合作为借口重返东南亚。在与泰国、马来西亚等国家“谈判”屡屡受挫的情况下，美国最终选择将菲律宾作为其重返亚洲的支点。此外，为了顺利重返菲律宾，时任美国国务卿马德琳·科贝尔·奥尔布赖特（Madeleine Korbel Albright）和国防部长威廉·科恩（William S. Cohen）先后访问菲律宾，并承诺为菲律宾提供经济与军事等方面的优惠与便利，以此为诱饵最终推动《访问部队协议》的顺利签署。利益驱动是美菲两国强烈签署意向形成的前提和基础。

三　2020 年以来《访问部队协议》一波三折的表现及原因分析

近年来，美菲关系波折不断，但并未从根本上对两国关系造成影响。2020 年以来《访问部队协议》一波三折便是重要体现之一。尽管美菲两国间波折不断，但美菲关系不至于因《访问部队协议》的一波三折而彻底决裂。

（一）美菲《访问部队协议》一波三折的表现

进入 2020 年以来，菲律宾总统杜特尔特先后多次宣布终止与暂停终止该协议，并以终止《访问部队协议》为条件寻求美国为菲律宾提供新冠肺炎疫苗和资金援助等。

2020 年 1 月，美国以“侵犯人权”为由取消了菲律宾参议员、前国家警察局总监德拉·罗萨（Bato dela Rosa）的赴美签证。2020 年 1 月 23 日，菲律宾总统杜特尔特向美国发出最后通牒，称若美国不恢复德拉·罗萨的赴美签证，菲律宾将在 1 个月内终止《访问部队协议》。鉴于美国并未对此做出回应，2020 年 2 月 11 日，菲律宾外交部宣布终止美菲《访问部队协议》，并将相关文本送至美国驻菲律宾大使馆，该协议于 180 天后自动生效，美菲关系因此受到严重冲击。有评论认为，这是冷战结束后美国与亚洲盟友关系遭受的最大一次打击，大大削减了美国在东南亚的军事影响力。但此后菲律宾又宣布，“基于情势的变化”，自 2020 年 6 月 1 日起，暂停终止《访问部队协议》6 个月。[①] 在 6 个月的暂停期期满时，菲律宾再次宣布暂停终止该协议 6 个月。菲律宾连续两次宣布暂停终止该协议，美菲关系似乎再次出现转机。然而 2020 年 12 月 26 日，菲律宾总统杜特尔特公开表示，要求美国向菲律宾提供至少 2000 万剂新冠肺炎疫苗，否则将终止《访问部队协议》。[②] 杜特尔特此举与菲律宾当时新冠肺炎疫情形势依旧十分严峻，而且新冠肺炎疫苗接种计划因缺乏疫苗而迟迟未启动有着不可分割的关系。在菲律宾看来，通过《访问部队协议》或许会得到美国的经济或者新冠肺炎疫苗援助，这对菲律宾疫情防控工作意义重大。2021 年 2 月 12 日，菲律宾总统杜特尔特在邦板牙省（Pampanga）视察了菲律宾空军新购入的飞机，并发表讲话称，美国若想与菲律宾继续维持《访问部队协议》，就必须为此“支付一定的费用”[③]。在杜特尔特看来，美菲两国间的军事协议是一种“共同责任”，美国必须承担应负的责任，其在美菲军事关系中所享受的权力不应该是免费的。美国新一任总统乔·拜登（Joe

① 《菲律宾：美菲〈访问部队协〉短期内可能不会终止》，新华网，2020 年 11 月 5 日，https://baijiahao.baidu.com/s?id=1682489219803432960&wfr=spider&for=pc，登录时间：2020 年 12 月 5 日。

② 《杜特尔特喊话美国：不提供新冠肺炎疫苗 美军就别想留在菲律宾》，海外网，2020 年 12 月 27 日，https://baijiahao.baidu.com/s?id=1687192252588137535&wfr=spider&for=pc，登录时间：2020 年 12 月 31 日。

③ 《“菲律宾不能对抗中国!”杜特尔特提醒美国：想续签军队协议就给钱》，《环球时报军事》，2021 年 2 月 16 日，https://baijiahao.baidu.com/s?id=1691816276571131181&wfr=spider&for=pc，登录时间：2021 年 3 月 16 日。

Biden）上台后，强调联系全球盟友以及加强对潜在对手的遏制。菲律宾作为美国的传统盟友之一，自然是美国极力拉拢的对象国。美国不仅向菲律宾提供新冠肺炎疫苗援助，还在 2021 年 7 月初向菲律宾武装部队提供价值 4850 万比索的武器及弹药。美国通过新冠肺炎疫苗援助及武器装备援助的方式向菲律宾传达了友好信号。2021 年 7 月 29 日，杜特尔特总统在菲律宾总统府会见来访的美国国防部长奥斯汀。美国承诺向菲律宾提供包括新冠肺炎疫苗在内的多项援助，并再次强调美菲同盟关系。最终杜特尔特总统决定撤回终止《访问部队协议》的要求。至此，这已是杜特尔特连续三次为终止《访问部队协议》延期。自 2020 年初至 2021 年 7 月底，《访问部队协议》在一年多时间内经历了一波三折。

（二）《访问部队协议》一波三折的原因

作为美菲两国间的一项重要军事协议，《访问部队协议》自 2020 年以来历经一波三折。究其原因，笔者认为，这既与菲律宾国内因素有关，也与菲律宾国外因素有着不可分割的关系。

1. 菲律宾因素

尽管在菲律宾首次提出终止《访问部队协议》前，该协议似乎运行平稳，但实际上，自签署之日起，菲律宾国内就出现了废除该协议的呼声。在格洛丽亚·马卡帕加尔·阿罗约（Gloria Macapagal Arroyo）政府执政时期，因参加美菲联合军事演习的美国士兵暴力侵犯菲律宾女子，该事件曾引发菲律宾民众的强烈抗议及废除该协议的呼声。① 菲律宾民众担心美军驻扎菲律宾后，类似事情会再次发生。还有一部分民众担心，菲律宾与美军的联系过于紧密，菲律宾或将成为美国的敌人打击报复的对象。此外，美国军队的驻扎还可能进一步增加菲律宾遭遇恐怖主义袭击的可能性，殃及无辜的菲律宾百姓，影响菲律宾社会的稳定与发展。由此可以看出，《访问部队协议》的签署并未获得菲律宾国内绝大多数人的支持。

《访问部队协议》一波三折的原因与菲律宾的根本利益有着密切的关

---

① 《〈访问部队协议〉终止美菲关系再起波折》，《法制日报》环球法制，2020 年 2 月 17 日，http：//epaper. legaldaily. com. cn/fzrb/content/20200217/Articel05003GN. htm，登录时间：2020 年 3 月 15 日。

系。在杜特尔特总统看来，菲律宾在美菲同盟关系中并没有得到与美国对等的利益。此外，不少菲律宾人认为，美菲同盟关系并未给菲律宾带来足够的利益。在特朗普政府退出《跨太平洋伙伴关系协定》和《巴黎协定》后，美国的国际义务和对外承诺的可靠性降低。因此，菲律宾的利益自然也会受到冲击。这导致杜特尔特对美国寄予的希望逐渐降低，尤其是在经济领域。此外，杜特尔特是一位个性鲜明的总统，美国对菲律宾禁毒等问题的干涉，尤其是美国在人权问题上的“双标”引起杜特尔特的强烈不满，杜特尔特对美国的态度难免会掺杂个人情感因素。

此外，自杜特尔特执政以来，采取大国平衡外交战略，通过加强中菲关系以制衡美国对菲律宾的影响，中菲关系逐步升级。中国的“一带一路”倡议与菲律宾的“大建特建”计划深入对接，进一步推动了菲律宾基础设施建设的发展。菲律宾感受到中菲关系的改善不仅能为菲律宾带来实实在在的利益，还能搭上中国经济发展的顺风车，推动菲律宾经济发展，与此同时，还有助于菲律宾摆脱美国的束缚。

2. **美国因素**

导致 2020 年以来《访问部队协议》一波三折的原因除了菲律宾国内的因素外，还有美国方面的因素。

首先，2020 年 1 月，美国特朗普政府宣布对菲律宾施加制裁，并取消菲律宾参议员、前国家警察局总监德拉·罗萨的赴美签证是《访问部队协议》首次产生波折的导火索。据悉，德拉·罗萨是杜特尔特执政以来的第一任菲律宾国家警察局总监，同时也是杜特尔特禁毒运动的坚定支持者与执行者，为杜特尔特的禁毒运动做出了重要贡献。因此，杜特尔特自然对美国取消德拉·罗萨签证一事表示不满。杜特尔特甚至警告美国称，若美国不改变这一“错误决定”，菲律宾将终止《访问部队协议》。

其次，美国对杜特尔特政府的禁毒运动加以干涉，引起杜特尔特的强烈不满是导致《访问部队协议》一波三折的重要原因。毒品犯罪是影响菲律宾社会秩序的一大毒瘤，民众对于打击毒品犯罪呼声很高。杜特尔特在竞选总统时便承诺要解决菲律宾的毒品问题。为兑现竞选承诺，杜特尔特执政后进行铁腕执法，在菲律宾大刀阔斧地推行禁毒运动。菲律宾警方逮捕并击毙了大量毒贩，强有力的禁毒运动十分符合菲律宾当时的国情需要，并取得了一定的成效。杜特尔特的禁毒运动得到了广大菲律宾民众的支持，但是以美国为首的西方国家却抨击杜特尔特政府“侵犯人权”。对此杜特尔特威胁要取消菲律宾与美国间的军事协议。因此，《访问部队协议》出现波折也是情理之中的事情。

再次，杜特尔特总统采取的独立自主的外交政策是导致《访问部队协议》一波三折的又一重要原因。杜特尔特执政后一改菲律宾历史上的亲美传统，不再采取阿基诺三世“一边倒”的亲美外交政策，而是通过在一定程度上与美国保持距离来改善中菲关系。杜特尔特抱怨《访问部队协议》是美菲两国间的“不平等条约”，并指责美国利用该协议从事针对菲律宾的间谍活动。[①] 此外，杜特尔特多次拒绝时任美国总统唐纳德·特朗普（Donald Trump）的访美邀请，扬言任内将不会访美。美国对菲律宾的禁毒问题横加指责，甚至向菲律宾提出要在菲律宾驻军等无理要求，这些行为与杜特尔特的独立外交政策格格不入。

最后，长期以来，美国对菲律宾的束缚越来越严重。美国军队在菲律宾进行访问驻扎，但又对菲律宾的军事行动等事宜进行干涉，甚至置菲律宾的主权安全于不顾，菲律宾自然不会接受。因此，从这几点上看，《访问部队协议》出现一波三折的状况不足为奇。

四　《访问部队协议》一波三折对美菲两国关系的影响

作为美国在亚太地区的重要盟友，菲律宾先后多次决定终止《访问部队协议》一事，折射出杜特尔特政府与美国政府之间信任裂痕的不断加深，《访问部队协议》历经一波三折对美菲两国造成较大影响。

（一）对美国的影响

2020 年 2 月 11 日，菲律宾总统杜特尔特首次宣布终止《访问部队协议》。对于一直有意拉拢菲律宾的美国来说，这堪称一次巨大打击。一方面，该事件恰好发生在美国试图与中国、俄罗斯等大国展开地缘政

① 《菲律宾为何终止与美国签署的〈访问部队协议〉》，人民网，2020 年 4 月 2 日，https://baijiahao.baidu.com/s?id=1662829244862386195&wfr=spider&for=pc，登录时间：2020 年 5 月 2 日。

治竞争之时。《访问部队协议》出现波折会大大削弱美国的竞争力。另一方面，菲律宾对美国表露出如此强硬的态度使美国始料不及。美国并没有想到它以“侵犯人权”为由取消了菲律宾参议员、前国家警察局总监德拉·罗萨的赴美签证后，杜特尔特会做出如此激烈的反应。菲律宾既是美国“印太战略”的重要支点，也是“第一岛链”的关键节点。根据《访问部队协议》，美国可以在菲律宾五个菲军基地储存武器装备，这将有利于确保美国军舰和战机在亚太地区，特别是南海地区出现冲突时做出快速反应。菲律宾对美国推进“印太战略”的重要性可想而知。因此，《访问部队协议》一波三折会使美菲关系受到严重冲击，菲律宾不再甘心充当美国地缘政治、“印太战略”以及干涉中国南海政策等方面的“帮手”。《访问部队协议》面临随时终止的风险，其终止将严重影响美国“印太战略”的推行，美国也将失去在该地区的巨大优势，其在亚洲的军事影响力也将大大减弱。《访问部队协议》一波三折将对菲律宾的国防与安全、美菲双边关系产生剧烈冲击，甚至还会影响多边和次区域层面。

（二）对菲律宾的影响

《访问部队协议》一波三折在对美国造成影响的同时，也会给菲律宾带来一定的影响。对于菲律宾而言，《访问部队协议》的一波三折必然会影响美国对菲律宾的援助，同时也会影响菲律宾国内政局的稳定。

作为受新冠肺炎疫情影响十分严重的国家之一，美国当时正遭受着新冠肺炎疫情、经济危机以及社会大分裂多重困扰。即便在国内形势如此严峻的情况下，美国依旧为菲律宾提供多种援助。根据《防务世界》（*Defense World*）2020 年 12 月 8 日的报道，美国已向菲律宾捐赠了狙击枪、反简易爆炸装置设备以及一架 C－130 军用运输机，总价值达 1.28 亿美元。自 2015 年以来，美国已向菲律宾累计交付超过 330 亿比索（约合 6.5 亿美元）的飞机、装甲车、船舰、小型武器和其他军事装备等。[①] 2021 年 3 月 10 日，美国驻菲律宾大使馆向菲律宾国家警察公路巡逻队捐赠新款福特

① 《美国又向菲律宾捐赠 1.28 亿美元武器 白送 C－130 战术运输机》，环球网，2020 年 12 月 9 日，https：//mil.huanqiu.com/article/411qhv0vROI，登录时间：2020 年 12 月 24 日。

F-550卡车，以提高巡逻队对紧急情况的应对能力。[①] 除此之外，美国还为菲律宾提供其他方面的援助。2020 年“天鹅”“环高”等强台风袭击菲律宾，菲律宾遭受惨重损失。为此，美国政府向菲律宾提供价值 11 亿比索（约合 2340 万美元）的经济援助。但是，在 2020 年 2 月菲律宾宣布终止《访问部队协议》后，美国停止向菲律宾提供援助。在菲律宾宣布暂停终止《访问部队协议》前后，美国却多次向菲律宾提供援助。这表明《访问部队协议》影响美国对菲律宾的援助。2020 年，菲律宾国内生产总值同比收缩 9.5%，是菲律宾经济自 1998 年以来首次出现收缩，同时也是 1946 年有记录以来的最差年度表现。在菲律宾国内形势如此严峻的情况下，美国向菲律宾提供的援助显得尤其重要。《访问部队协议》一波三折必然会影响来自美国的包括军事装备在内的各项援助。这对于菲律宾来说，也是一笔惨重的损失。

此外，杜特尔特终止《访问部队协议》的举动也引起了菲律宾国内亲美势力的反对。菲律宾 2022 年大选筹备工作已正式开启，2021 年 10 月 1 日至 8 日是登记参选的窗口期，包括现任副总统莱妮·罗布雷多（Maria Leonor Gerona Robredo）、曼尼·帕奎奥（Manny Pacquiao）等在内的多名大选热点候选人均已提交竞选资格材料。而杜特尔特已宣布总统任期结束后远离政坛，其女儿萨拉·杜特尔特（Sara Duterte）仍未递交总统竞选资格材料。尽管菲律宾民主人民力量党德拉·罗萨已提交总统候选人资格材料，并表示希望看到萨拉参选，但萨拉本人表示将竞选连任菲律宾达沃市长。目前的竞选形势似乎不利于杜特尔特阵营。在这样的大环境下，《访问部队协议》一波三折不利于杜特尔特安抚菲律宾的反对派势力，也将影响菲律宾国内政局的稳定。此外，萨拉是否竞选总统是菲律宾乃至国际社会关注的焦点。《访问部队协议》一波三折不利于杜特尔特为萨拉乃至其阵营的候选人的竞选扫除障碍。与此同时，在菲律宾应对新冠肺炎疫情与促进国内经济复苏的两难情况下，《访问部队协议》一波三折，或将使菲律宾损失更重。

---

① “PNP Gets Ford Truck from US Embassy,” Philippine News Agency, March 11, 2021, https://www.pna.gov.ph/articles/1133250，登录时间：2021 年 4 月 6 日。

五　未来美菲关系发展走向分析及预测

不论是对美国还是对菲律宾来说，美菲关系都是其重要的双边关系之一。自2020年以来，《访问部队协议》一波三折，对菲律宾与美国长久以来的同盟关系造成冲击。再加上菲律宾大选在即，新一任国家领导人的人选，及其采取什么样的对外政策，成为菲律宾乃至国际社会关注的焦点，这也使美菲关系的发展走向备受关注。

2020年初，菲律宾政府选择终止《访问部队协议》，折射出自杜特尔特总统上台以来美菲关系的日渐疏远以及菲律宾政府与美国政府间不断加深的信任裂痕。特别是美国干涉菲律宾内政的行为使杜特尔特政府极其反感。正如《外交官》（*Diplomat*）杂志的刊文所言，在杜特尔特看来，相对于中国等国，美国对菲律宾的重要性已经不如从前。"美国优先"使美菲关系渐行渐远。部分美国政客对菲律宾禁毒运动中存在"侵犯人权"和"践踏法律"的行为大加指责，进一步激化了菲律宾与美国的矛盾。正值菲律宾国内新冠肺炎确诊病例激增，国内疫情形势十分严峻之际，菲律宾宣布终止《访问部队协议》后又宣布暂停终止的本意是缓和美菲关系，以便获得来自美国的经济与新冠肺炎疫苗援助。

由此可以看出，一年多来，杜特尔特频频拿《访问部队协议》做文章的真正目的是要求美国为菲律宾提供援助。由《访问部队协议》所引起的美菲关系恶化，并非真正意义上的决裂。在笔者看来，这只是两国之间"有条件的交易"的一种方式。未来《访问部队协议》或将长期处于波折不断的状态，这将导致美菲关系长期处于"小幅度"的波动状态。

2020年，面对复杂的国内外环境，特别是在新冠肺炎疫情形势严峻的情况下，中国经济快速恢复稳定运行，经济社会发展主要目标任务完成情况优于预期，并率先取得了脱贫攻坚战的巨大胜利。中国综合国力的日益强大以及在国际社会中的影响力不断扩大，在一定程度上给美国造成压力。美国担心菲律宾会与日渐壮大的中国走得越来越近，从而影响美菲两国长久以来的同盟关系。对美国来说，菲律宾是美国在东亚的一个重要支点，对美国控制亚太地区，乃至遏制中国崛起意义重大。为了保证其"印太战略"的顺利实施，美国或许会不断妥协于杜特尔特任期内的"要挟"。而对菲律宾来说，菲律宾的安全保障与美国的武器供应等密不可分。但在短时间内，菲律宾既不会与美国彻底决裂，也不会大幅改善美菲关系。由于杜特尔特的任期仅剩不足一年的时间，再加上美菲两国面临的新冠肺炎疫情形势都很严峻，所以杜特尔特近期访问美国的可能性不大。尽管杜特尔特一再声称任内绝对不会访问美国，并在 2021 年 7 月承认已无访美意向，但笔者认为，杜特尔特访美的可能性也不是完全不存在的。

六 结语

菲律宾总统杜特尔特执政以来，《访问部队协议》历经一波三折暴露出两国关系正在步入动荡期。在美菲同盟关系中，菲律宾寻求获得更平等的地位和更安全的保障，而美国需要菲律宾继续扮演其区域战略中的重要支持者角色。如果菲律宾真的与美国彻底决裂，这显然不符合菲律宾的根本利益。此外，鉴于 2022 年大选筹备工作已经开始，为保证国内政治环境稳定，避免激怒反对派，杜特尔特总统也不敢轻易彻底结束美菲同盟关系。因此，今后《访问部队协议》一波三折的状况或将继续。美菲关系也将因《访问部队协议》的影响而波折不断，但这种波折与裂痕并不会影响美菲关系的坚固性。

Analysis of US-Philippines Relations — Taking the Visiting Forces Agreement as an Example

Fan Xinjing

Abstract Since the Philippine government announced the temporary termination of the Visiting Forces Agreement between the Philippines and the United States in February 2020, there have been many twists regarding the Visiting Forces Agreement. As the COVID-19 pandemic continues to spread, the new administration in the United States takes office, and preparations for the Philippines' 2022 elections begin, the Visiting Forces Agreement has a new twist again. This paper will sort out the performance and causes of the twists of the Visiting Forces

Agreement since 2020 and generalize the impact of the twists of the Visiting Forces Agreement on the two countries, based on which the trend of the US-Philippines future relations will be analyzed.

Key Words Philippines; the United States; Visiting Forces Agreement; US-Philippines Relations

Author Fan Xinjing, Public Opinion Research Assistant, China-ASEAN Information Harbor Institute of Big Data Research, Guangxi University.

探析缅甸政局动荡下的缅俄关系发展

张　媚

【摘要】2021 年 2 月 1 日，缅甸军方接管国家政权，引发国际社会谴责及经济制裁。截至 9 月，缅甸军方执政已满 6 个月。在此期间，缅甸不断变化的政治局势备受国际社会关注，各方对待缅甸政治危机的态度不一。其中，俄罗斯对缅甸问题的立场有别于西方国家。同时，缅甸与俄罗斯之间互动频繁，缅俄关系出现升温迹象，引人关注。本文将通过梳理缅甸与俄罗斯在 2019 年至 2021 年期间的互动态势，简要分析在缅甸政局动荡背景下缅甸与俄罗斯关系变化的原因以及缅俄关系发展对中国的影响。

【关键词】缅甸　军方　缅俄关系　政治

【作者简介】张媚，广西大学中国—东盟信息港大数据研究院舆情助理。

一　引言

2021 年 2 月 1 日，缅甸军方突然宣布接管国家政权。同时，缅甸总统府发出 202101 号命令，宣布由于联邦选举委员会拒绝处理错误选民名单致使国家陷入危险当中，国家立法、司法和行政三个部门授权移交国防军总司令敏昂莱（Min Aung Hlaing）掌管，并宣布国家进入紧急状态，为期一年。该命令由副总统吴敏瑞（Myint Swe）签署，吴敏瑞是由缅甸联邦议会军方议员推选的副总统。西方媒体认为，缅甸军方接管政权的行为实为“政变”，并认为缅甸军方此举缺乏合法性。

截至 2021 年 9 月，缅甸军方宣布接管国家政权已满 6 个月。其间，缅甸不断变化的政治局势一直备受国际社会关注。各方对待缅甸军方接管政权一事的态度不一。随着缅甸安全部队武力镇压抗议示威者事件传出，一些国家及国际组织开始对缅甸军方施压。其中，以美国、英国为首的西方国家强烈谴责缅甸军方的行为，并多次发布正式文件，宣布将缅甸国防军的多名高级军官与其家属以及与军方关联的企业列入制裁名单，禁止本国企业和公民与缅甸军方关联企业进行商贸往来。而越南、文莱、泰国及印尼等东盟成员国态度较为中立和谨慎，希望缅甸各方保持克制，防止其局势继续恶化。同时支持缅甸恢复民主，并以“东盟方式”积极推动缅甸局势降温，呼吁缅甸各方尽快通过政治对话寻求解决政治危机的突破口。

在此敏感时期，不同于其他态度强硬并对缅甸实施强力制裁的西方国家，俄罗斯对待缅甸政治危机的态度较为柔和，在与缅甸军方的互动中多次展现出“亲近”之意。2021 年，缅甸军方高层与俄罗斯高层连续 5 次互访，并多次强调“缅甸与俄罗斯是真正的朋友”。从双方的互动中可以看出，缅俄关系在缅甸军方接管政权后出现明显升温迹象。对此，《华尔街日报》（*The Wall Street Journal*）等西方媒体认为，在缅甸“政变”后，俄罗斯成为缅甸军方的主要支持者，并将借此扩大其影响力。为探析缅俄关系变化的情况，本文将梳理缅甸与俄罗斯在 2019 年至 2021 年期间的互动态势，简要分析在缅甸政局动荡背景下缅甸与俄罗斯关系变化的原因，以及缅俄关系发展对中国的影响。

二　缅甸政局动荡下缅俄关系升温的表现

（一）缅俄高层互动频繁

在当今世界政治舞台上，高层对话具有极为重要的意义。这不仅影响着世界政治格局的变化，同时也是影响国家间关系走势的风向标。事实上，自苏联解体后，缅甸与俄罗斯之间的政治关系在 20 世纪 90 年代中期就开始迅速发展。缅俄两国的政治合作主要集中在军事方面。1995 年，缅甸政府高层丁吴（Tin Oo）访问俄罗斯，并与俄罗斯达成军事装备供应协议。自此，俄罗斯开始为缅甸军方供应战斗机、直升机及其他军事装备，逐步成为缅甸的主要武器供应国。2021 年以来，在缅甸政局动荡的背景下，缅甸军方高层与俄罗斯之间的互动更为频繁，出现升温迹象。

表1　　2019年至2021年8月缅甸军方与俄罗斯互动情况

时间	领导	场合
2019年8月15日	缅甸国防军总司令敏昂莱	访俄
2019年10月15日	俄罗斯国防部副部长福明	访缅
2020年6月22日	缅甸国防军总司令敏昂莱	访俄
2020年11月3日	缅甸国防军总司令敏昂莱、俄罗斯国防部长绍伊古	视频会议
2021年1月23日	俄罗斯国防部长绍伊古	访缅
2021年3月26—27日	俄罗斯国防部副部长福明	访缅
2021年5月20日	缅甸国家管理委员会委员兼国防军空军司令貌貌觉	访俄
2021年6月20—27日	缅甸国家管理委员会主席兼国防军总司令敏昂莱	访俄
2021年9月1—7日	缅甸国家管理委员会副主席兼国防军副总司令梭温	访俄

资料来源：笔者根据各个网站新闻自行整理。

从表1可以看出，2021年以来，缅甸军方高层与俄罗斯之间的互动次数较2019年和2020年明显增加。在缅甸政局动荡后，俄罗斯与缅甸之间的互访显得尤为突出，引人注目。2021年3月26日至27日，俄罗斯国防部副部长福明（Alexander V. Fomin）低调访问缅甸，参加缅甸国防军第76届建军节庆典及阅兵仪式。福明成为缅甸军方接管国家政权后首位访问缅甸的外国高层官员。其间，缅甸国家管理委员会主席、国防军总司令敏昂莱称俄罗斯是“真正的朋友”。在缅俄互访期间，双方积极评价两国在军事领域不断发展的互利关系并确定本着战略伙伴关系的精神，尽可能有效地运用双方积累的潜力，深化军事以及军事技术合作。福明表示，缅甸是俄罗斯在东南亚以及整个亚太地区的可靠盟友和战略伙伴，俄罗斯坚持积极发展与缅甸关系的战略路线。除了军事合作外，缅俄双方还表示将加强新冠肺炎疫苗合作，共同抗击新冠肺炎疫情。

5月20日，缅甸国家管理委员会委员兼国防军空军司令貌貌觉（Maung Maung Kyaw）率代表团出访俄罗斯，参加第14届国际直升机工业展览会（HeliRussia-2021）。

6月20日至27日，应俄罗斯国防部长绍伊古（Sergei Kuzhugetovich Shoigu）邀请，敏昂莱前往俄罗斯访问并出席莫斯科国际安全会议。敏昂莱的此次访俄行程是其担任缅甸国家管理委员会主席以来，继赴印尼首都雅加达参加东盟领导人特别会议后的第二次出国访问，传递了加强双边关系的明显信号。[①] 在双方举行会晤期间，绍伊古与敏昂莱就两国军队的友好关系、加强军事技术合作、推进缅甸军队参与俄罗斯举行的军事演习、缅甸政治变革情况以及两国政府及军队未来在各领域继续开展合作等事宜进行讨论。[②]

9 月 1 日，缅甸国家管理委员会副主席兼国防军副总司令梭温（Soe Win）应邀出访俄罗斯参加俄罗斯"国际军事比赛—2021"闭幕式。在访问期间，梭温表示，这是缅甸军方第四次参加俄罗斯举办的"国际军事比赛"，表明双方在军事方面的良好合作关系。同时，在会晤中，双方对两国在军事领域积极发展互惠关系给予了肯定，并重申本着战略伙伴关系精神，力争最大限度地挖掘潜力，深化双边军事以及军事技术合作。[③]

（二）军售贸易明显增长

缅俄常规经贸领域联系薄弱，双方贸易体量长期处于较低水平。2020 年缅甸对俄罗斯出口额仅为 3032 万美元，进口额为 2799 万美元，进出口总额不足 6500 万美元（见图 1）。缅俄两国主要的贸易商品类别以农产品和服装制品为主，双边贸易体量明显较小，在经贸领域的合作有待进一步开发。

除了常规的经贸合作外，军售贸易是缅俄两国的主要贸易领域。据斯德哥尔摩国际和平研究所（Stockholm International Peace Research Institute）2019 年公布的调查报告，在 2009 年至 2019 年 10 年期间，缅甸共向俄罗斯采购 8.07 亿美元的军备，占比为 15%。[④] 2021 年 1 月 23 日，俄罗斯国防

---

① 《缅甸国防军总司令：希望扩大与俄罗斯的军事合作》，俄罗斯卫星通讯社，2021 年 6 月 28 日，https：//sputniknews. cn/politics/202106281033964442，登录时间：2021 年 8 月 15 日。

② 《俄防长与到访缅军领导人敏昂莱会晤：俄致力加强与缅军事关系》，澎湃新闻，2021 年 6 月 23 日，https：//baijiahao. baidu. com/s？ id = 1703369571226130440&wfr = spider&for = pc，登录时间：2021 年 8 月 15 日。

③ 《俄罗斯和缅甸商定加强军事技术合作》，俄罗斯卫星通讯社，2021 年 9 月 4 日，https：//sputniknews. cn/military/202109041034405473/，登录时间：2021 年 9 月 17 日。

④ "Trends in International Arms Transfers，" SIPRI，March 15，2021，https：//www. sipri. org/publications/2021/sipri-fact-sheets/trends-international-arms-transfers-2020，登录时间：2021 年 8 月 15 日。

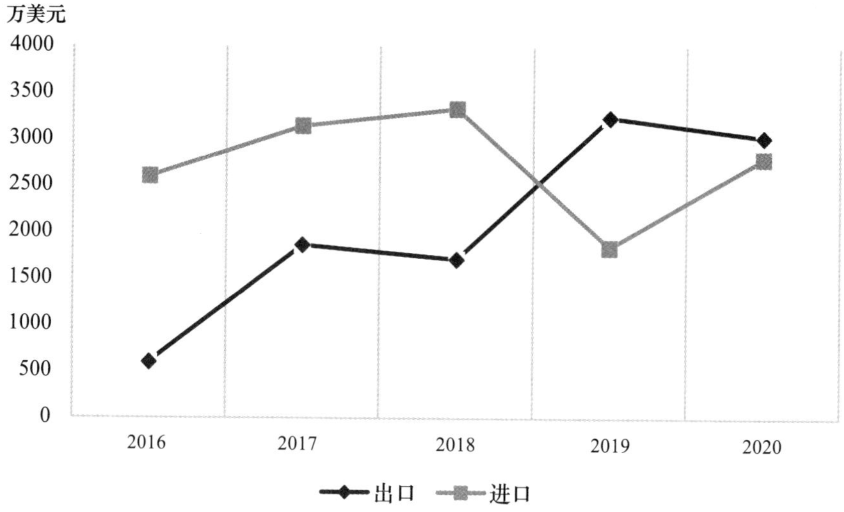

图1　2016—2020年缅甸与俄罗斯进出口额

资料来源：Trend Economy.

部长绍伊古在访问缅甸时，缅俄双方签署了供应“铠甲S1”防空系统的协议文件。作为协议的一部分，缅甸将获得Orlan-10E型无人机和雷达站、一套“铠甲S1”防空系统，其中包括12枚57E6地对空导弹和两门30毫米口径的2A38M高射炮。此外，双方还签署了包括6架苏-30战斗机在内的武器供应合同。2021年7月，俄罗斯开始向缅甸交付战斗机。俄罗斯国有军火商Rosoboronexport负责人亚历山大·米赫耶夫（Alexander Mikheev）曾明确表示，俄罗斯正与缅甸进行密切合作。缅甸是俄罗斯出口公司在东南亚的主要客户之一，也是俄罗斯国家航空航天和国防企业集团Rostec的主要合作伙伴。①

（三）缅俄两国合作抗疫

进入2021年7月以来，随着新冠病毒变异株德尔塔（Delta）肆虐，缅甸境内暴发第三波新冠肺炎疫情，举国上下迎来严峻考验。从2021年5

① “Russia Cooperating Closely with Myanmar to Supply Military Hardware,” Mizzima, July 22, 2021, https://www.mizzima.com/article/russia-cooperating-closely-myanmar-supply-military-hardware, 登录时间：2021年8月15日。

月 27 日起，缅甸西部省份，如钦邦（Chin）、若开邦（Rakhine State）等省邦陆续发现新冠肺炎本土确诊病例。6—8 月，疫情在缅甸迅速蔓延，并进入集中暴发期，单日新增确诊人数以及死亡人数屡破新高，确诊率一度高达 40%。此次疫情的传播速度、确诊人数、死亡人数均显著高于前两波疫情。因 2 月 1 日以来缅甸政局变动，医疗系统受到严重冲击，部分医护人员离开了工作岗位，医护人员短缺加剧了此次疫情对缅甸的冲击。在缅甸仰光（Yangon）、曼德勒（Mandalay）等主要城市，确诊病例激增所造成的压力已突破医疗系统的承受能力。

为应对缅甸境内日益严峻的新冠肺炎疫情形势，缅俄双方展开医疗合作。2021 年 6 月 14 日，缅甸工业部长查理丹（Charlie Than）与俄罗斯驻缅大使尼古拉·利斯托帕多夫（Nikolay Listopadov）会晤，商讨恢复俄罗斯在缅投资的第二钢厂（Pang Pet）项目并邀请俄罗斯专家对该项目进行必要检查，同时就俄罗斯与缅甸开展药品生产事宜交换意见。

此外，为应对缅甸境内日益严峻的新冠肺炎疫情形势，俄罗斯与缅甸还开展了研制新冠肺炎疫苗合作。敏昂莱 2021 年 6 月 22 日在接受俄罗斯新闻社（RIA Novosti）采访时曾表示，缅甸正在就购买“卫星 V”新冠肺炎疫苗事宜与俄罗斯进行磋商。敏昂莱透露，缅甸原定计划从俄罗斯购买 200 万剂新冠肺炎疫苗并已得到俄罗斯允诺。由于生产能力有限，俄罗斯承诺在 7 月后开始分批提供，首批数量尚不明确。[①] 与此同时，在敏昂莱访俄期间，缅俄双方还达成了一项协议，将就改造缅甸现有工厂以生产新冠肺炎疫苗的可行性进行初步研究。缅甸或实现在其国内的国有制药厂与俄罗斯联合生产新冠肺炎疫苗，预计年产量可达到 500 万剂。

三 缅甸政局动荡下缅俄关系升温的原因

2021 年 2 月，缅甸国内政局突变，军方“闪电”式接管国家政权。针对缅甸政局出现的变化，俄罗斯也同国际社会一道，给予高度关注，并做出了有别于西方国家的反应，即立场中立，但与缅甸军方保持着频繁接触。缅甸军方随后也表现出亲近俄罗斯的态度。缅俄关系在这一敏感时期

① 《连线丨政荡缅甸遭遇德尔塔毒株，社会不只“缺氧”更缺信任》，澎湃新闻，2021 年 7 月 14 日，https：//www.thepaper.cn/newsDetail_forward_13566298，登录时间：2021 年 8 月 15 日。

出现进一步加强的迹象，究其原因，笔者认为与当前形势下缅甸军方的政治诉求以及俄罗斯的外交战略需要有着密不可分的关系。

（一）缅甸方面

1. 历史因素：缅俄具有良好合作基础

在冷战时期，缅甸在独立后很快就得到了苏联的承认，双方于 1948 年正式建交。随着缅苏关系朝着正常化发展，1955 年，缅苏两国签订贸易协定，缅甸曾以 15 万—20 万吨大米换取苏联生产的机械和消费品。苏联解体后，俄罗斯承袭了苏联对缅甸的大使级关系。1995 年，缅甸军方高级将领丁吴对俄罗斯进行访问，并与俄罗斯达成购买米－17 军用运输直升机和其他军事装备的协议。[①] 自此，缅甸与俄罗斯建立了密切的军售合作关系，而当时缅甸仍处于军人执政时期。2001 年，缅甸政府向俄罗斯订购 12 架米格－29 型战斗机。2009 年，缅甸再度从俄罗斯购买 20 架米格－29 型战斗机。在与俄罗斯的军售贸易中，缅甸军方与俄罗斯建立了良好关系，并长期保持军备供应和军事技术合作。

除了军备供应合作外，缅甸与俄罗斯也在政治、能源等领域积极开展合作。在政治领域，2000 年 7 月，时任缅甸外长的吴温昂（Win Aung）访问俄罗斯，与俄罗斯外长伊万诺夫（Igor Ivanov）举行会晤。在访问期间，缅俄两国签署了关于相互取消外交和公务护照签证的协定。2006 年，缅甸和平与发展委员会副主席貌埃（Maung Aye）大将率团访问俄罗斯，并与俄罗斯方面签署了《石油战略合作备忘录》及《禁毒协议》等文件。缅甸承诺向俄罗斯购买军备，而俄罗斯承诺将阻止英美等国将缅甸人权问题提交至联合国安理会。在能源合作领域，2007 年，缅甸与俄罗斯签署合作协议，内容包括俄罗斯帮助缅甸军方建立一个核研究中心及一个热容量为 10 兆瓦的研究堆。[②] 2008 年 9 月，缅甸石油与天然气公司与俄罗斯公司签署合作协定，共同在缅甸克钦邦（Kachin State）开展石油与天然气的勘探开

---

① 李勇慧：《缅俄关系的发展演变及其影响因素分析》，《东南亚南亚研究》2011 年第 2 期，第 6—10 页。

② “The Tatmadaw’s Special Relationship with Russia,” Frontier Myanmar, June 10, 2016, https://www.mizzima.com/article/russia-cooperating-closely-myanmar-supply-military-hardware, 登录时间：2021 年 8 月 15 日。

发和生产合作。

综上可知，缅俄关系在过去的20多年间取得了长足进展。缅俄两国在军事、政治及能源领域开展了多次合作，有着良好的合作基础，也为缅俄关系进一步巩固打下了基础。

2. 缅甸外交政策：大国平衡外交

从地缘政治角度来看，缅甸位于南亚和东南亚的交汇之处，不仅与中国、印度等大国接壤，还是扼守孟加拉湾与印度洋的出海口，其地缘战略地位十分重要。作为一个欠发达的东南亚国家，缅甸极易卷入大国竞争的漩涡之中，影响其独立自主。为避免这一问题，缅甸长期奉行中立主义外交政策，即以大国平衡为手段，达到维护国家利益的最终目的。缅甸加强与俄罗斯的双边关系也源于此。在缅甸军人政权时期，军方受到来自国际社会的制裁、孤立和封锁。为确保政权巩固，稳定国内局势，缅甸军方开始寻求与中国的友好关系，并一度实行“一边倒”的亲华政策。印度、日本以及英美等西方势力对缅甸的亲华政策感到不安，希望遏制中国在缅甸及周边地区的影响力。缅甸军政府以及民众也存在警惕心理，认为过度亲华存在一定的风险。

20世纪90年代，随着军方政权巩固及民选政府上台，缅甸开始调整此前实行的对华“一边倒”外交政策，发展与俄罗斯、印度及日本等国的多边外交关系。2011年后，缅甸民选政府上台，国际社会对缅甸的态度逐步好转，这为缅甸实施大国平衡外交政策提供了更加良好的外部环境。2021年2月，缅甸军方再度接管国家政权，并展现出进一步加强与俄罗斯关系及合作的明显意向。军方希望进一步引入俄罗斯的力量，以建立多元化外交关系，同时还能有效稀释美国、英国等西方大国对缅甸军方实施制裁所带来的压力。

3. 缅甸军方：需要俄方支持

2011年，随着缅甸开启民主转型进程，民选政府上台，以美英为代表的西方国家也逐步解除对缅甸的孤立和封锁。西方各国与缅甸的外交关系逐步向正常化发展。缅甸军方于2021年2月1日宣布依据缅甸宪法的规定接管国家政权，废除2020年全国大选结果。8月1日，缅甸军方宣布组建看守政府（又称“过渡政府”），并承诺于2023年8月结束紧急状态，重新举行选举。虽然缅甸军方多次强调其行为符合宪法规定，但其强势扣押缅甸总统温敏（U Win Myint）及国务资政昂山素季（Aung San Suu Kyi）

等重要政治人士、采用武力镇压其国内抗议示威活动等行为仍遭到欧美国家的经济制裁和外交施压，因此承受着巨大的国际压力。此外，部分缅甸民盟成员及 2020 年大选当选议员先后成立联邦议会代表委员会以及民族团结政府，还与其他反对者组建人民国防军等武装力量，与缅甸国防军发生冲突、交火，国内矛盾尖锐。加上第三波新冠肺炎疫情在缅甸迅速蔓延，缅甸军方的执政压力倍增。

在国际社会谴责声不断之际，缅甸国家管理委员会发言人佐敏吞曾（Zaw Min Tun）于 4 月 28 日表示，周边国家都是缅甸的友好邻邦，希望东盟以及包括中国在内的周边国家给予缅甸支持和信任。由此可见，缅甸军方积极寻求发展同东盟、中国、印度等周边国家的外交关系，并从中获得支持。而俄罗斯作为缅甸军方长期合作伙伴，加强同俄罗斯的双边关系符合缅甸军方当前的政治诉求。

从国际社会方面来看，加强与俄罗斯的关系可以减轻缅甸受到的来自国际社会的压力。作为联合国安理会常任理事国之一，俄罗斯对缅甸政治危机一事的态度十分重要。2021 年 4 月 6 日，俄罗斯外交部发文警告称，在缅甸当前的局势下，采取威胁和压力方针，包括对缅甸现任政府实施制裁是无效且极其危险的。实际上，这种做法会推动双方对立，最终把缅甸人民推向国内全面冲突的境地。[①] 6 月 18 日，联合国大会就一项关于对缅甸实施武器禁运的议案进行表决。联合国 193 个成员国中有 119 个成员国投票赞成该决议，而白俄罗斯投了唯一的反对票，包括印度、俄罗斯、中国、文莱、柬埔寨、老挝、泰国、伊朗、埃及、马里在内的 36 个国家则投了弃权票。对于投出弃权票，俄罗斯称该决议无助于解决缅甸危机。从缅甸国内来看，缅甸军方接管政权后，各地冲突交火不断。若缅甸国内冲突持续不断或进一步升级，缅甸军方需要未雨绸缪，提前补充军备物资、升级军事装备及军事技术，保持军事优势，因此需加强与俄罗斯的关系。此外，加强与俄罗斯的关系，还有利于缅甸与俄方在其他方面，如新冠肺炎疫苗研制方面开展合作，以有效应对新冠肺炎疫情。

---

① 《俄外交部警告：制裁缅甸会把缅甸人民推向“全面国内冲突”》，人民资讯，2021 年 4 月 7 日，https：//baijiahao. baidu. com/s? id = 1696367657269527673&wfr = spider&for = pc，登录时间：2021 年 8 月 15 日。

（二）俄罗斯方面

1. 出于俄罗斯亚太政策的需要

自乌克兰危机爆发以来，俄罗斯与美方就因克里米亚问题而关系崩坏。美欧随即联合起来对俄罗斯实施制裁，在此之后俄罗斯长期面临经济压力。在外交上，俄罗斯因受到西方的围堵而孤立，在经济上遭受严厉制裁决定了俄罗斯外交战略的两个重要目标：一是整合国家的政治实力、战略谋划能力和军事外交资源，巩固已取得的地缘政治利益，维护国家安全；二是妥善应对威胁和挑战，在东方重新寻找技术和市场，为国内发展创造新的增长点。因此俄罗斯总统普京（Vladimir Vladimirovich Putin）在其第三任期里，集中外交资源，再一次将目光投向亚洲，积极推进“向东看”政策。2016 年，俄罗斯推出“大欧亚伙伴关系”战略构想，明确了“向东看”政策的核心目的是构建由其主导的欧亚地区经济和安全秩序。[①] 而缅甸地缘战略地位重要，加强与缅甸之间的关系，扩大军售合作，俄罗斯不仅可以增加武器出口机会，创造外汇，还有可能借此让缅甸成为进一步扩大俄罗斯在东盟地区影响力的起跳点，获得东盟成员国对其强国身份的认同。

2. 缅俄关系是俄美竞争中的一部分

自从苏联解体后，承继苏联“衣钵”的俄罗斯与美国长期处于紧张对峙的状态。自普京上台以来，美俄关系逐渐恶化。美国总统乔·拜登（Joe Biden）上台之后，直接让两国关系变得剑拔弩张。拜登也是近 40 年来唯一刚入主白宫就明确表示不会改善美俄关系的美国总统。事实上，除了对华强硬外，遏制俄罗斯也是美国民主党与共和党之间为数不多的共识之一。在继承奥巴马（Barack Hussein Obama）时期“亚太再平衡战略”以及特朗普（Donald Trump）时期“印太战略”理念的基础上，拜登政府“印太战略”的部署架构逐渐清晰。美国方面希望加强与东盟国家的合作，积极参与亚洲事务，构建印太网络来与中国及俄罗斯形成对抗。俄罗斯外交部长拉夫罗夫（Sergei Lavrov）曾在莫斯科国际安全会议上表示，“印太战略”旨在重新划分亚太地区的格局，其目的也包括孤立俄罗斯。而目前

---

① 李勇慧：《普京 20 年亚太战略与新冠肺炎疫情后欧亚地区秩序的构建》，《俄罗斯学刊》2020 年第 4 期，第 5—21 页。

备受关注的缅甸政局动荡已被美国视为参与东南亚事务的切入点。可以说，缅甸的处境十分微妙，稍有不慎就会卷入俄美两个大国的竞争漩涡之中。

由于缅甸重要的地理位置，缅甸对于俄罗斯及美国而言都非常重要。对俄罗斯来说，缅甸不但是俄罗斯的战略伙伴，还是其在东南亚地区的“盟友”，更是俄罗斯延伸其对美国竞争的重要战略纵深的一部分。面对美国的频频动作，俄罗斯积极推进其在东南亚区域的布局，同时主动加强与缅甸的联系与合作，希望在一定程度上阻止美国在东南亚地区推行其意志的企图。从缅甸方面来看，缅甸在军政府时期实行过“一边倒”的对华政策，虽然缅甸军方后期恢复了一贯中立的外交政策，但仍给外界留下了军方较为亲华的印象。而美国等西方国家曾经大力支持站在缅甸军方对立面的民盟及其领导人昂山素季，并向缅甸军方施压，以推动缅甸民主发展。在特朗普执政时期，美国还曾就罗兴亚问题对缅甸军方高层进行制裁。可以说，缅甸军方与美国之间存在利益冲突，双方矛盾难以协调。敏昂莱也曾明确称，美国是缅甸“不亲密”的朋友。3月29日，美国方面在俄罗斯国防副部长福明访缅的两天后宣布暂停与缅甸所有的贸易往来，开始了制裁缅甸军方的计划。俄罗斯外交部4月6日发表意见，认为美国的做法会使缅甸政府遭受更大压力，会将缅甸局势推向深渊。从双方的举动上可以看出，这是美国和俄罗斯就缅甸问题的一次交锋，同时展现了两国对缅甸问题的不同态度。俄罗斯方面加强与缅甸军方的关系，既可以有效深化与缅甸的友好关系，还可以借此阻止美国通过介入缅甸内政，“借题发挥”地在东南亚地区拉帮结派，共同针对俄罗斯。可以说，缅俄关系已经是俄美竞争的一部分。

四　缅俄关系发展走向及其对中国的影响

（一）缅俄关系发展走向

缅甸军方接管政权后，多次强调缅甸军方此次举动符合宪法，并于2021年8月1日成立看守政府。军方领导人敏昂莱、梭温分别出任看守政府国家总理和副总理。由此可见，缅甸军方希望寻求国际社会对其政权的认可。但在敏昂莱访俄期间，俄罗斯媒体曾报道，普京不会与敏昂莱进行会晤，由俄罗斯国防部长绍伊古进行接待。从国家外交惯例上可以看出，俄罗斯目前未将敏昂莱置于缅甸的国家领导人层面。在一些关键性的敏感问题上，俄罗斯仍持较为谨慎的态度。在联合国大会或安理会的投票中，俄罗斯会度量利害，出现全力支持缅甸军方的可能性极低。因为此举会使俄罗斯成为各国的“靶子”，西方或将把俄罗斯夸大渲染为支持缅甸军方“政变”的“幕后黑手”，抹黑俄罗斯在缅甸民间的形象。这显然不符合俄罗斯在东南亚地区的外交策略。因此，尽管缅甸军方与俄罗斯都有进一步加强与对方关系的意愿，但缅甸政权合法性问题过于敏感，俄罗斯可能不会明确摆出支持缅甸军方的态度，而是会低调行事，加强俄罗斯与缅甸军方在军售、经贸等方面的合作。

（二）缅俄关系发展对中国的影响

在拜登总统上台之后，中美之间极有可能围绕基础设施建设、区域经济合作机制、经济援助及盟友和伙伴关系建设在东南亚展开激烈竞争。正由于缅甸的战略位置，缅甸或成为中美地缘政治竞争中的关键一环。此外，在缅甸军方接管政权后，美国签署行政令对缅甸高级军官及其亲属、军方关联企业实施制裁，并冻结缅甸在美国超过10亿美元的资产。再加上自2017年8月缅甸发生罗兴亚袭击事件后美国长期对缅甸施压，不难看出，缅甸正面临来自美国的越来越大的压力。[①]

在这种情况下，中国和俄罗斯是缅甸军方能够依靠的周边大国。一是中国与俄罗斯综合国力强，有能力与西方势力抗衡；二是缅甸在中国与俄罗斯在东南亚地区的战略部署中扮演着重要角色，并且两国均表示支持缅甸在宪法和法律框架下通过内部对话实现政治和解，避免单边制裁和不当介入。缅甸军方与中国、俄罗斯在这一方面的立场相似，缅甸军方也不希望外部势力的介入。因此，缅甸国家管理委员会对新外长温纳貌伦（Wunna Maung Lwin）的任命以及军方高层多次访问俄罗斯的频繁互动也显示出缅甸更加靠近中国与俄罗斯。与此同时，中国与俄罗斯睦邻友好，相互支持。缅俄关系进一步升温影响中、俄、缅三国之间的友好关系。三国关系不断深化，有利于中国与俄罗斯、缅甸之间开展国防、投资贸易以及文化

① 李勇慧：《地缘政治竞争、战略偏好演变与缅甸对华政策》，《和平与发展》2021年第3期，第93—111页。

交流等领域的合作，可以推动中缅关系进一步提升。缅俄关系进一步发展，除了能使中俄缅三国关系更加紧密外，也有利于中俄遏制美国在东南亚地区推行“印太战略”的部署。

此外，缅俄关系发展对中国的影响实际上较小。长期以来，缅俄两国着重于发展在军售贸易及国防安全方面的合作，在经贸投资、文化交流等领域的涉足较少，均处于初期阶段。而中缅两国已经在经贸、投资、能源等多个领域开展了深入的合作，缅俄关系发展，不会动摇中缅两国的良好合作基础。

An Analysis of the Development of Myanmar-Russia Relations under the Turbulent Political Situation in Myanmar

Zhang Mei

Abstract On February 1, 2021, the Myanmar military took over the state power, triggering international condemnation and economic sanctions. Up to September, the Myanmar military has been in power for six months. During this period, the changing political situation in Myanmar has attracted the attention of the international community, and all parties have different attitudes towards the political crisis in Myanmar. Among them, Russia's stance on the Myanmar issue is different from that of Western countries. At the same time, Myanmar and Russia have frequent interactions, and there are signs of warming up in Myanmar-Russia relations, which attracts people's attention. This article reviews the recent interactions between Myanmar and Russia, and briefly analyzes the reasons for the changes in Myanmar-Russia relations under the background of political turmoil in Myanmar, and the impact of the development of Myanmar-Russia relations on China.

Key Words Myanmar; Military; Myanmar-Russia Relations; Politics

Author Zhang Mei, Public Opinion Research Assistant, China-ASEAN Information Harbor Institute of Big Data Research, Guangxi University

英国脱欧后与文莱关系升温的原因探析

李阳阳

【摘要】自从脱离欧盟之后，英国将目光投向了东盟及世界上其他地区寻求建立新的联系。文莱与英国因为各自的国家利益而加快了合作的步伐与频率，双方关系升温。本文通过简要地回顾文莱与英国的历史关系，探析文莱与英国关系升温的原因。从文莱方面看，文莱与英国保持密切关系一是因为全面实施《伊斯兰刑法》遭受了巨大的国际压力；二是需要寻求与经济多元化发展伙伴合作推动国民经济发展；三是因为殖民历史带来的影响。从英国方面看，与文莱关系升温的原因包括文莱地理位置对于英国至关重要，英国脱欧后“向东看”，以及英国希望重塑自己的全球角色。

【关键词】脱欧　关系　英国　文莱

【作者简介】李阳阳，广西大学中国—东盟信息港大数据研究院舆情助理。

一　引言

自从脱离欧盟之后，英国将目光投向了东盟及世界上其他地区寻求建立新的联系。从沦为英国保护国到独立再到英国脱离欧盟，文莱与英国一直保持着牢固且密切的关系。2021 年既是英国寻求新的合作伙伴也是文莱肩负东盟轮值主席国重担的一年，英国与文莱双方关系升温。一方面，英国正式成为东盟的对话伙伴国，并启动谈判以加入《全面与进步跨太平洋伙伴关系协定》（Comprehensive and Progressive Agreement for Trans-Pacific Partnership，CPTPP），寻求与包括文莱在内的东南亚国家建立更紧密的贸易和投资联系。另一方面，文莱也希望继续维持与英国的牢固关系。因此，本文通过简要地回顾文莱与英国的历史关系，分析文莱与英国关系升温的原因。

二　文莱与英国关系历史回顾

（一）文莱与英国关系的开始

文莱与英国的正式联系始于 1846—1847 年。19 世纪 70 年代，英国开始入侵文莱。1888 年，文莱与英国签订了保护协定，成为英国的殖民地。文莱、砂拉越（Sarawak）和北婆罗洲（North Borneo）三块版图都成为英国的保护地，但这三个地方的内部事务基本上仍由当地苏丹掌管。[①] 根据 1888 年签订的《英国文莱条约》，英国握有文莱王位继承决定权和外交权。19 世纪，西班牙控制了菲律宾，荷兰占领了加里曼丹岛（Kalimantan）的南部，英国掠夺了纳闽（Labuan）、砂拉越和北婆罗洲。当时的文莱内部纷争不断，东南亚的大部分地区已经处于西方的统治之下，而文莱正处在被西方统治的边缘。文莱的部分领土已经被砂拉越的布鲁克政权和北婆罗洲的英国北婆罗洲公司夺走。1890 年，砂拉越对林梦（Limbang）地区的占领似乎是文莱生存的最后一根稻草。[②] 于是，为了稳定文莱地区，使其成为英国利益网中的连接点，1906 年英国决定对文莱实行全面保护，并签订补充协议。

英国在文莱的驻扎官接管了文莱统治者的权力，其权力几乎涵盖了行政、司法和立法部门的方方面面。由于内外部纷争不断，文莱领土被蚕食，丧失了部分富饶的地区。

成为英国保护国的文莱在英国的管理下逐渐得以生存和发展。当时，英国在文莱所实施政策的一个主要特点是增强君主制的威望和权力。无论是增强文莱在土地等方面的政府管理，还是加大对文莱的控制，英国统治文莱的目的都是最大化英国自身利益。19 世纪 50 年代，君主制成了文莱最强大的政治力量。法制的建立也是英国带给文莱的另一个管理政策。文

① ［英］A. V. 霍顿：《英国对文莱的管理（1906—1959 年）》，方微译，《南洋资料译丛》1989 年第 1 期，第 96 页。

② ［英］A. V. 霍顿：《英国对文莱的管理（1906—1959 年）》，方微译，《南洋资料译丛》1989 年第 1 期，第 96—97 页。

莱建立了审判制度并于1921年建立起一支独立的文莱警察部队。

在文莱成为英国的保护国期间，文莱发现了油田，石油开发带给文莱巨大利润。至今文莱仍是一个严重依赖油气行业的国家。在发现油田之前，文莱的财政收入微不足道。1929年4月，文莱在马来奕（Kuala Belait）区的诗里亚（Seria）发现了石油，为国内各项事业发展提供了财政基础，文莱开始迅速发展。文莱油田的发现与开采也给英国殖民者带来巨额利润，让身为宗主国的英国受益，因此，文莱对于英国变得至关重要。然而，日本人的到来让文莱再次危机四伏。

1941年至1945年，文莱被日本占领。在此期间，文莱饱受战争的破坏。1946年，英国恢复对文莱的管辖。随着文莱石油产量的增长以及对石油公司征收所得税和油田使用费的提高，文莱政府的财政收入猛增。于是，1953年，文莱国会决定拨款进行第一个五年发展计划，花费数百万文元用于通信和交通等领域的发展，以建设一个福利国家。[1] 石油为文莱政府带来了财政收入的增加，这个发展计划的一个主要目标就是减少对石油的依赖，以防石油告罄。

深怀民族感的文莱人既有抵制外来新思想的心理，又想恢复受到战争影响的国家经济与国家建设。1950年之后，奥马尔·阿里·赛夫汀三世（Sultan Haji Omar Ali Saifuddien Sa'Adul Khairi Waddien）成为文莱苏丹。1956年，随着文莱第一个主要政党——人民党的出现，文莱国内的民族主义情绪高涨。伴随着二战后被殖民国家从殖民地走向独立的浪潮以及民族民主运动的压力，文莱的民族民主运动也逐渐涌现。1959年，英国撤销了驻扎官一职，改派高级专员，文莱基本上实现了内部自治，但文莱的外交事务和国防仍然在英国的管辖之下。在接管内政后，文莱前任苏丹奥马尔·阿里·赛夫汀三世在位期间承受着英国驻扎官和人民党所施加的双重压力。一方面，文莱前任苏丹试图与英国谈判，脱离英国的管控，为文莱争取独立。另一方面，文莱苏丹推行马来伊斯兰君主制，以稳定文莱的民主运动，坚持君主制。1959年颁布的《宪法》使苏丹能够维护统治者和君主制的主权。20世纪60年代，文莱苏丹拒绝执行英国敦促其实施的民主政府制度，坚持走君主制道路。同时，文莱也拒绝加入实施民主政体的马来

① ［英］A. V. 霍顿：《英国对文莱的管理（1906—1959年）》，方微译，《南洋资料译丛》1989年第1期，第105页。

西亚联邦。

1967 年，现任文莱苏丹哈桑纳尔·博尔基亚（Sultan Haji Hassanal Bolkiah Mu Izzaddin Waddaulah ibni Al-Marhum Sultan Haji Omar ‘Ali Saifuddien Sa’ Adul Khairi Waddien）加冕为国王。1971 年，文莱与英国签约，获得除外交和国防事务外的自治。同时，苏丹停止地区议会的选举，坚持君主制。1978 年，苏丹赴英国伦敦就主权独立问题同英国政府谈判，文英双方缔结友好合作条约。1984 年，文莱摆脱英国近 100 年的统治，成为一个完全独立的国家，并正式宣布“马来伊斯兰君主制”为国家纲领。同一天，文莱成为英联邦第 49 个成员国，标志着双方未来良好关系的开始。1984 年 1 月 7 日，文莱正式加入东盟，同年 9 月加入联合国，成为第 159 个成员国。

油气行业是文莱的主要发展支柱，是其发展计划资金的主要来源。但是自 1932 年第一次石油出口到 1950 年，文莱的基础设施和社会经济发展仍然相当缓慢。虽然文莱第一个五年国家发展计划中将近 22% 的资金用于保健、教育和福利，其中特别强调建立英语学校，但是这一计划实施得依然太晚，文莱在 20 世纪 60 年代仍然缺乏受过教育、合格和有技能的人才来管理国家。与在 20 世纪早期引入英语教育的马来亚不同，英语教育在 1951 年才被引入文莱。

文莱独立以后，苏丹政府大力推行“马来化、伊斯兰化和君主制”政策，以“马来伊斯兰君主制”为国家纲领，巩固王室统治，在进行现代化建设的同时严格遵循伊斯兰教义。文莱的第一部宪法在独立前就已经颁布，且在独立后其基本条款继续有效。文莱曾于 1971 年和 1984 年对宪法进行重大修改，但无论是第一部宪法还是修改后的宪法，都始终坚持维护统治者和君主制的主权。文莱宪法规定，苏丹为国家元首，拥有全部最高行政权力和颁布法律的权力，同时也是宗教领袖。

（二）文莱与英国关系升温的表现

文莱与英国之间的关系在 1984 年文莱独立后仍然牢固，双方保持着密切联系。文莱这个东南亚小国是英国在东南亚地区十分亲密的合作伙伴之一，而英国也是文莱在防务、教育等方面的重要合作伙伴。

在英国现任首相鲍里斯·约翰逊（Boris Johnson）上任后，文莱苏丹与其进行会面，双方签署国防领域的换文，并就贸易、防务、气候变化等问题进行了讨论。文莱与英国的防务关系紧密，在军事上与英国也互动频繁。英国军舰每年都要抵达文莱进行访问，双方定期进行军事演习、培训和专业交流。尤为重要的是，自文莱独立以来，英国在文莱一直有驻军，其在文莱驻扎军队的协议每五年更新一次。如今文莱是英国在远东仅存的一个军事驻地。由此可见，文莱与英国的防务关系是一种长期且牢固的关系。

鉴于文莱与英国之间深厚的历史联系，英国仍然是文莱学生留学的首选目的地。文莱政府每年都为文莱学生提供奖学金，让其前往英国学习。文莱苏丹也敦促在英国留学的文莱学生重视学习，不断增进知识。苏丹还积极呼吁文莱学生在学成后回国为国家发展做出贡献。

文莱王室与英国王室的联系也非常密切。文莱和英国王室之间的私人关系是双边关系的重要组成部分。2017 年，英国女王派英国王室的代表参加了文莱苏丹登基 50 周年金禧庆典。同年 11 月，英国王储查尔斯（Charles Philip Arthur George Mountbatten-Windsor）在英联邦峰会期间拜访文莱苏丹。12 月，文莱苏丹与英国女王伊丽莎白二世（Elizabeth Alexandra Mary Windsor）、剑桥公爵威廉王子（William Arthur Philip Louis）会面。随后文莱苏丹会见了在英国留学的文莱学生和侨民。文莱苏丹以及文莱王子均在英国学习和接受军事训练。即便文莱成为主权国家后，英国对文莱许多方面的影响仍然挥之不去，王室之间的密切联系仍然存在。

自 2020 年 1 月 31 日正式脱离欧盟之后，英国表示将继续保持和促进与文莱的双边关系，尤其是经济、教育、国防关系。

（三）文莱—英国关系变化产生的影响

随着印度—太平洋地区以及全球的发展，文莱与英国的关系尤其是安全方面的关系正在发生一些变化。随着文莱与英国关系的升温，文莱成为英国在印度—太平洋地区可靠的战略盟友，英国的加入或将导致地区局势不确定性的增加。

文莱在军事、国防方面与大国有显著差距，作为一个主权国家，其生存与安全保障是维护国家安全的关键前提条件。文莱与英国关系的升温对文莱而言，既可加强其安全所要求的军事能力，也可威慑邻国所带来的潜在威胁。

文莱与英国的关系为大国与小国关系以及大国通过小国加强其区域交往提供一个研究案例，尤其是作为英国保护国的文莱与英国的关系不同于文莱与其他国家的关系。大国与小国关系研究可以为国际关系研究提供更广泛的国际问题领域，具有补充性意义。对文莱与英国关系的研究，可以为英国、中国与其他大国和文莱等小国关系的发展提供案例，为双方各取所需提供启发性。

文莱既是东盟成员国，又是英联邦成员，英国在脱欧后将文莱视为其加深与东南亚国家联系的纽带，有助于英国建立更广阔的英国贸易圈，重塑其全球角色。

三　文莱与英国关系升温的原因

（一）文莱方面

1.《伊斯兰刑法》带来的压力

宗教因素对于文莱的政治发展非常重要，文莱善于利用宗教巩固苏丹政权以及王室的地位。2019 年 4 月，文莱颁布并全面实施《伊斯兰刑法》，引起了包括英国在内的西方国家以及人权组织的抵制和诟病。《伊斯兰刑法》规定要对通奸者和同性恋人士处以石刑、对盗窃者砍手砍脚，这类规定被指充满仇恨且不人道。但文莱政府认为全面实施《伊斯兰刑法》符合多数国民的利益，是对国家信仰和社会生活的一种保护。与其他被英国殖民过的国家，如加勒比地区、马来西亚等国家相比，文莱没有采取民主政治制度，而是积极推进宗教文化因素对其政治发展的影响，坚持实施“马来伊斯兰君主制”，英国等民主化国家不认同甚至批评这种制度。宗教信仰不同强化了文莱这个政教合一的国家与英国这种世俗政权国家之间的不同，但文莱显然不愿意与别国对立，因为与别国对立一方面与文莱中立和不结盟的政策背道而驰，另一方面也容易引起国际冲突。文莱人口稀少，地理面积狭小，市场空间有限。除了油气资源之外自然资源稀缺，无论在经济发展还是战略安全方面，文莱都面临着外部国家和国际体系的压力。因此，文莱急需维持大国对其的友好态度与支持。最终文莱迫于国际社会的压力承诺遵守个人隐私并批准《联合国禁止酷刑公约》，于 2019 年 5 月宣布暂停实施《伊斯兰刑法》的死刑部分规定。

由于与英国长期密切的关系，文莱更需要极力维持与英国的关系。英国对文莱全面实施《伊斯兰刑法》持不同意见，但英国希望双方对全面实施《伊斯兰刑法》一事所产生影响的讨论重点放在价值观方面，即法治、普通法的重要性以及对权利和少数群体的尊重。因此，目前《伊斯兰刑法》没有对文莱与英国之间的关系造成较大的影响，文莱依旧是英国在东盟地区的一个重要合作伙伴。

在宣布全面实施《伊斯兰刑法》之后，文莱遭受了巨大的国际社会舆论以及压力，亟须巩固并提升与英国的双边关系，因此文莱推动两国关系升温便不足为奇。

2. 经济转型寻求发展伙伴

为摆脱对油气行业的依赖，文莱大力发展非油气行业。文莱是石油生产国，经济体量较小，受国际油价波动影响较大。近年来，文莱加大招商引资力度，一直在寻求帮助其进行经济转型的发展伙伴。同时，英国自脱欧后也寻求加深与文莱的经济和商业关系。文莱与英国共同寻求促进双边贸易和投资、支持创造就业的方法。

面对“资源的诅咒”以及全球油价不稳定的挑战，文莱不得不努力进行经济多元化转型，同时需要寻找新的发展伙伴。文莱在现有领域比如国防、教育、经济和王室关系方面，仍与英国保持着密切合作，这些仍然是文莱与英国关系的基石和支柱。同时，文莱希望在特定领域向英国寻求合作，以帮助其进一步发展，摆脱对能源资源的过度依赖。英国在许多领域都是文莱的合作伙伴，文莱希望与英国在现有领域加强合作的同时，也希望随着国内经济多元化转型，能够与英国在经济复苏、气候变化或环境保护、引进外资、扩大数字化合作等领域以促进非油气行业的繁荣发展。

3. 殖民历史的影响

英国的殖民统治给文莱带来了深远的影响。文莱虽然在政治制度以及管理上受英国影响颇深，但是，在文化以及宗教方面则逐渐走出了自己的道路。英国的“东南亚区域合作”主要经历了由殖民式的合作向现代意义的区域合作转变，英联邦这一纽带是推动这一转变的主要因素之一。虽然在东盟成立后，英国的“东南亚区域合作”政策宣告失败，但文莱与英联邦的关系却发展至今。一方面，英联邦仍是英国与东南亚部分国家及东南亚周边部分国家关系的主要纽带，在东南亚区域关系中具有一定的地位；

另一方面，英国在与东南亚国家竞争区域合作领导权中的失败既是东盟成功的关键，也规范着此后英国与东南亚的互动关系。[①]

作为曾经的英属殖民地以及现在的英联邦成员，文莱至今在政治和经济方面仍与英国保持着较为良好和稳定的发展。文莱通过政治协商、谈判的方式获得民族独立，因此较好地维持了与英国的国家关系，且在独立后其部分政治制度倾向于效仿或继承英国的制度。曾经的殖民历史对文莱的影响突出，加强了文莱对英国的依赖性。英国在文莱仍保持着政治与军事影响力。所以，文莱对英国的特殊情感也是两国关系在英国脱离欧洲后升温的原因之一。

（二）英国方面

1. 文莱是英国的重要驻军基地

当前，东南亚国家仍是英国重要的经贸伙伴。英国在东南亚的角色虽远不如美、日、澳等域外国家，但亦在南海主权问题及“一带一路”倡议等问题上频频发出声音。对英国的“东南亚区域合作”及英国与东南亚国家在经济、政治、安全等领域互动的梳理是理解当代英国与东南亚关系的基础。[②] 新加坡在英帝国时代曾是皇家海军的驻地和英国商人的重要港口，如今文莱这个小国扮演着类似的角色。文莱与英国的历史渊源，以及在独立后两国仍在安全、政治方面保持密切交往，并在英国脱欧后双方关系升温，或将深化、扩展双边关系。

文莱是英国在亚太地区的重要驻军基地。英国希望在需要时可以将其在文莱的驻军与英国陆军、皇家海军和皇家空军的其他部队一起进行海外部署。由于文莱独特的地理位置，英国在文莱驻扎的军队使英国在东南亚的军事影响力大增。文莱是英国在远东的最后一个军事前哨，是英国参与远东安全事务的广泛支点的一部分。通过在文莱的驻军基地，英国能够更好地应对该地区可能发生的危机。在大国竞争和区域争端紧张局势日益加剧的时代，拥有一个可靠的盟友、重要的军事前哨和相关设施对英国而言

---

① 李峰：《论 1945—1967 年英国的“东南亚区域合作”政策及其影响》，博士学位论文，南京大学，2020 年，第 9—10 页。

② 李峰：《论 1945—1967 年英国的“东南亚区域合作”政策及其影响》，博士学位论文，南京大学，2020 年，第 10 页。

至关重要。更重要的是文莱苏丹与历届英国政府始终保持友好立场。所以，文莱与英国的关系也因为文莱这一重要军事战略位置而升温。

2. 英国脱欧后“向东看”

自英国决定退出欧盟以来，英国在世界上的角色发生了巨大变化。英国与文莱之间的关系已经持续了120多年，如今，两国之间的关系依然牢固以及密切。英国脱欧后不仅寻求在英联邦内重新建立伙伴关系，还着眼于与东盟发展新的贸易关系，英国与东亚国家的接触也正在加深。在新冠肺炎疫情的影响下，虽然全球经济萎缩，但英国决定继续深化与东南亚地区的经济与贸易关系，继续保持与东盟地区在政治、社会方面的接触。

尽管东盟自1999年以来暂时停止建立新的对话伙伴关系，但仍为接纳英国为对话伙伴敞开了大门。2021年1月，文莱担任东盟轮值主席国并主持首次重要东盟会议。会上，其外交事务主管部长艾瑞万（Dato Seri Setia Haji Erywan bin Pehin Datu Pekerma Jaya Haji Mohd Yusof）表示，东盟国家欢迎英国成为东盟的对话伙伴，但东盟高级官员仍在解决接纳程序的要求问题。东盟正在制定指导方针和标准，以评估英国作为对话伙伴的地位。东盟国家领导人也接受了英国加入该地区对话伙伴的申请。

2021年6月，在英国驻文莱大使馆举办的庆祝英国女王伊丽莎白二世95岁生日的招待会上，英国驻文莱高级专员将文莱描述为英国“在该地区最亲密的朋友”。英国还对两国之间建立战略对话的协议表示欢迎。毫无疑问，文莱支持英国成为东盟第11个对话伙伴，是英国成为东盟对话伙伴的跳板以及助推器。在文莱的助推下，英国在2021年被东盟授予“对话伙伴”地位，这是英国在退出欧盟后推动在亚洲建立更强大外交关系的一步。因此，英国脱欧后“向东看”是文莱与英国关系升温的一个关键且非常重要的原因。

3. 英国希望重塑全球角色

英国将自己视为一个全球大国，积极参与全球事务。虽然英国已经脱离欧盟，但是其国际价值观和希望加深与合作伙伴关系的价值观没有发生改变。[①] 英国政府在退出欧盟后寻求与亚洲甚至全球其他地区建立更紧密的联系。英国正在考虑加入CPTPP，以发展与亚太地区的贸易关系。英国

① “From Brunei to Brexit: Outgoing UK Envoy Reflects on Three Years in the Sultanate,” The Scoop, June 26, 2020, https://thescoop.co/2020/06/26/from-brunei-to-brexit-outgoing-uk-envoy-reflects-on-three-years-in-the-sultanate/，登录日期：2021年7月13日。

还将与美国、日本、澳大利亚开始自由贸易谈判。文莱是签署CPTPP协定的11个国家之一，也是2021年东盟轮值主席国。英国希望通过文莱的东盟轮值主席国身份与号召力，在2021年推动其加入CPTPP。英国已经扩大与东盟在包括新冠肺炎疫情后的经济恢复等许多领域的合作，比如商业监管、气候变化以及低碳金融和可再生能源领域，但英国的雄心壮志远不止于此。

英国加入CPTPP，与其说是建立更广阔的英国贸易圈，还不如说是由英国脱欧后的焦虑所致。由于和欧盟的分家，英国在脱离欧盟这个大市场后，希望通过打造新的贸易圈来弥补英国的疏离感。①

申请成为东盟对话伙伴是英国从欧洲转向亚洲的一个关键性的经济支柱，而加入CPTPP是英国向印太地区倾斜的另一个关键性的经济支柱。一方面，英国通过CPTPP寻求与文莱建立更紧密的贸易和投资联系。英国加入CPTPP将为双方企业开辟机会。食品、制药和可再生能源是英国认为文莱可能会感兴趣的三个优势领域，它们都将得到CPTPP的支持。② 另一方面，英国加入CPTPP有助于塑造其在该地区的商业和地缘政治角色，达到重塑全球角色的目标，即英国希望在欧盟之外打造更广泛的政治和经济朋友圈。从英国方面来看，重塑全球角色的宏愿是文莱与英国关系升温的一个较为重要的原因。随着多个经济体表示有兴趣加入CPTPP，CPTPP越扩大，对英国的好处就越大。如果英国获得CPTPP的一个席位，作为第一个新成员，英国将致力于帮助推动CPTPP的成长而塑造CPTPP的未来发展。

四 结语

由于文莱小国本身的脆弱性，文莱希望以与英国等大国的接触来努力应对其在国际关系中的挑战。同时，英国也通过与文莱多方面的合作而不断扩大其与东南亚国家在一系列领域的接触。本文通过简要回顾文莱与英国的历史关系，探析文莱与英国关系升温的原因。从文莱方面看，文莱与英国关系升温的原因包括文莱因全面实施《伊斯兰刑法》而遭受了巨大的

---

① 张敬伟：《英国加入CPTPP是伪命题》，《中国外资》2018年第7期，第40—41页。

② "UK Seeks Closer Trade, Investment Links to Brunei through CPTPP," The Scoop, July 1, 2021, https://thescoop.co/2021/07/01/uk-seeks-closer-trade-investment-links-to-brunei-through-cptpp/，登录日期：2021年7月15日。

国际压力，寻求经济多元化发展伙伴，以及受殖民历史影响而与英国保持密切关系。从英国方面看，文莱与英国关系升温的原因包括文莱对于英国地理战略位置的重要性，英国脱欧后“向东看”，以及英国希望重塑全球角色。

An Analysis of the Reasons for the Warming up of Relations between Brunei and UK after Brexit

Li Yangyang

Abstract Since exiting the European Union, United Kingdom (UK) has set its sights on forging new ties with ASEAN and the rest of the world. Meanwhile, the relations between Brunei and Britain have warmed up. Brunei and Britain have accelerated the pace and frequency of their cooperation because of their respective national interests. This paper briefly reviews the historical relationship between Brunei and Britain and analyzes the reasons for the warming up of the relationship between the two countries. For Brunei, first, it has suffered great international pressure due to the full implementation of the Islamic penal-code. Second, it needs to seek diversified economic development partners to promote national economic development. Third, it also has the impact of colonial history. For the UK, Brunei is crucial to its geographical strategic position, it implemented the policy of "Look East" after brexit, and it desires to reshape its global role.

Key Words Brexit; Relationship; United Kingdom (UK); Brunei

Author Li Yangyang, Public Opinion Research Assistant, China-ASEAN Information Harbor Institute of Big Data Research, Guangxi University.

“印太战略”下的越南

——美国—日本互动态势观察：基于菅义伟和蓬佩奥访越

梁丽英

【摘要】越南经济的发展及其优越的地理位置吸引了域外国家不断加强与越南的紧密关系。同时，这也导致越南成为美国推进“印太战略”不可缺少的一环。2020 年 10 月 18 日至 20 日，日本新任首相访问越南，双方就技术转让以及其他领域达成了一系列协议，在军备和安全领域也达成了共识。此次出访，日本积极向越南推销了美国的“印太战略”。继日本之后，美国也迅速跟进造访越南。越美日三国在南海地区具有重要的战略利益。就目前的局势来看，中国是日本和越南重要的经济合作伙伴之一，两国的经济发展在很大程度上受制于中国。此外，中美双方经济仍有较大的互补性，难以脱钩。因此，从各国自身的利益出发，和平发展依然是中国、越南、美国和日本关系的大势所趋。

【关键词】越南　日本　美国　印太战略

【作者简介】梁丽英，广西大学中国—东盟信息港大数据研究院舆情助理。

日本首相菅义伟（Suga Yoshihide）在上任之后的首次出访并没有按照惯例选择美国作为出访国，而是选择了同为亚太地区的越南。此举引起了外界对美日关系的热议。与此同时，美国国务卿蓬佩奥（Mike Pompeo）在美国总统大选只剩最后几天的时间里，也选择越南进行选前的最后一次访问，此举表明蓬佩奥欲在大选之际做出重大的政绩。本文主要分析“印太战略”下越南—美国—日本互动态势，以及面对当前西方国家纷纷拉拢越南的局势，探讨中国应该如何冷静应对。

一 越南—美国—日本互动关系介绍

在越美互动方面，冷战结束后，由于社会和经济发展的需要，越美关系逐渐从敌对变为合作伙伴。1995 年，越南与美国建立外交关系，美国开始解除针对越南的贸易封锁，越美逐步恢复外交关系。两国的政治、经济、文化、军事关系得到全面发展。1996 年之后，越南和美国的关系走向正常化，两国关系迅速升温。2006 年，美国支持越南加入世界贸易组织（World Trade Organization，WTO），外资开始逐渐进入越南。自 2010 年起，越南与美国的进出口贸易总额以每年近 20% 的速度增长，美国成为越南重要的贸易合作伙伴。美国为扩大在东南亚地区的影响，遏制中国的发展并削弱中国在东南亚地区的影响力，在军事上与越南加强合作。

在越日互动方面，2002 年 4 月，日本首相小泉纯一郎（こいずみじゅんいちろう）对越南进行正式访问，之后双方确立了长期稳定的互信关系。2010 年，两国在战略合作伙伴关系框架下建立了“全面讨论政治、国防、外交及安全事务”的国防和外交副部长级对话机制，双方的安全合作得到快速发展。越南工贸部的数据显示，越日建交 47 年来，日本一直是越南重要的投资伙伴。近年来，日本对越南的投资不断增加。2018 年，日本对越南投资达 85.9 亿美元，占当年越南外资总额的 24.2%。截至 2019 年底，已有 2000 多家日本企业在越南投资，注册资金达 593 亿美元，占越南吸引外资总额的 16.7%，在对越南投资国家和地区中居第二位。[①] 2020 年 7 月，日本贸易振兴机构（Japan External Trade Organization，JETRO）驻河内代表处首席代表中岛武夫（Takeo Nakajima）在新闻发布会上提到，日本计划支持 30 家本国公司在东盟国家扩大生产，其中有 15 家公司选择投资越南。这说明越南经济的巨大吸引力及乐观的投资前景。而且，越南有

---

① 何宇：《日本贸易振兴机构认为：疫后对越南直接投资将迅速回升》，商务部网站，2020 年 9 月 11 日，https://www.imsilkroad.com/news/p/426811.html，登录时间：2020 年 11 月 7 日。

效地防控住新冠肺炎疫情也是日本投资者选择投资越南的重要因素。[①]

在美日互动方面，第二次世界大战结束以后，日本的发展与美国息息相关。美国在日本推行民主改革，大力扶持日本恢复经济。日本是美国的铁杆军事盟友，一直以来都与美国保持步调一致。菅义伟在 2020 年 10 月 18 日访问越南时就强调，日本致力于推进自由和开放的印度洋—太平洋政策，努力促进供应链多样化，降低由新冠肺炎疫情所带来的风险，其中包括减少从中国进口医用口罩的依赖。日本通过一系列措施来推销美国的“印太战略”，其目的是想在印太地区反制中国。但是，中国是日本重要的贸易伙伴之一，日本在经贸领域对中国存在巨大的依赖性，这在一定程度上制约了日本对中国的反制。

二 菅义伟和蓬佩奥访问越南的背后逻辑

（一）日本访越，“政治避嫌”及美国国内肆虐的新冠肺炎疫情

近年来，日本的经济一直处于低迷状态，美国作为传统盟友本应成为日本最好的外在帮手，但是，由于美国在 2020 年 11 月初举行总统大选活动，为了“政治避嫌”，菅义伟没有在这个敏感的时间点造访华盛顿，以免被外界认为公开表态支持特朗普连任。另外，当时美国受新冠肺炎疫情影响较为严重，可以说，新冠肺炎疫情在美国已经到了肆虐的程度，菅义伟此时访问美国明显不合时宜。

菅义伟任日本首相之后的首次出访将越南放在首位，可以看出日本对越南的高度重视。总体来看，菅义伟首访越南有三个目的：

第一，此访意在表明菅义伟忠实继承安倍（あべしんぞう）的外交政策。安倍在 2012 年第二次担任首相后首先出访的国家也是越南。菅义伟长期跟随安倍，2020 年 8 月底安倍突然辞职后，尽管日本自民党内有多人表示要参加党内竞选首相职位，但安倍还是力挺菅义伟接班。菅义伟在党内竞选和出任日本首相后曾多次表示将继承安倍的内政外交政策，但日本舆

① 《日本计划扩大对越南投资》，中国商务新闻网，2020 年 7 月 30 日，http：//international. sh-itc. net/article/gjscmchd/202007/1499442_ 1. html，登录时间：2020 年 11 月 17 日。

论和自民党内部对此不乏质疑，认为菅义伟出任首相后必定有自己的主见。此次菅义伟首访同样选择越南，显然是在做出继承安倍外交政策的姿态，并刻意释放出菅义伟政府也特别重视日越关系的信号。

第二，此访意在强化“印太地区的安保合作”。菅义伟在日本执政党议员会议上表明，此次外访以“维护亚太地区稳定”为目的，希望加强日本和东南亚各国的合作。在访问越南期间，日本与越南签订《防卫装备品及技术转让协定》，此项协定将取消日本对越南武器出口的限制。日本外务大臣茂木敏充（Toshimitsu Motegi）在就菅义伟初次外访一事答记者问时表示，此次访问越南和印尼对实施自由与开放的印度洋—太平洋愿景具有十分重要的意义。

第三，此访意在寻求日本与大国之间的“平衡外交”。在当前的国际局势下，日本外交的真正着力点无疑是世界大国，尤其是美国。但菅义伟并没有首访美国，也不首访其他大国，而是在深思熟虑后选择首访东盟国家。此举一方面可以避免菅义伟政府在世界几大国间公开表现出亲疏，对日本现实和长远利益造成不利；另一方面东盟地处印太核心地区，而越南和印尼都是东盟的重要国家，越南还是2020年东盟轮值主席国，访问越南既可以表明日本对越南的高度重视，又可以此作为跳板进一步拉近日本与东盟国家的关系。

（二）蓬佩奥访越，推动自由开放的“印太战略”

继菅义伟访越结束之后，蓬佩奥在其亚洲之行即将结束的最后时刻，增加行程，于2020年10月29日至30日也对越南进行了访问。蓬佩奥此举表面上是为“庆祝美越建交25周年”，但深层意义远大于此。蓬佩奥此次访问越南，其原因主要有以下三点：

第一，2020年是美越建交25周年，随着国际局势的变化，越南由过去的敌视美国变得越来越需要美国，所以，越南非常重视这个周年纪念日。基于本国的利益，越南也想借助美国这个域外大国的力量来加大与各竞争国家博弈的筹码。

第二，蓬佩奥此次访问的重要任务之一就是在各国的领导层中渲染东方大国威胁论。但是，印度、斯里兰卡、马尔代夫及印尼对蓬佩奥访问的回应并不热烈。斯里拉卡表示，本国秉承中立和维护和平原则，将与包括美方在内的国家发展关系。印尼则拒绝美军在本国部署 P－8 反潜机。为此，蓬佩奥在结束对印尼的访问之后，临时改变主意访问越南，推动越美继续密切合作，以实现遏制和孤立中国的目的。

第三，美国发展与越南的关系，是希望扩大美国在东南亚地区的影响力，牵制和削弱中国的影响力。随着越南与美国关系正常化，两国关系越走越近。越南一直把美国视为首要的合作伙伴之一。目前，美国是越南的第四大贸易合作伙伴。越南是美国在重要地区和全球问题上的重要伙伴国。

（三）越南成为“印太战略”支点的优势

蓬佩奥的亚洲之行结束后，各国高官也开始访问越南。其中，2020 年 10 月 31 日至 11 月 4 日，韩国国会议长朴炳锡（Park Byeong-seug）对越南进行了正式访问；印度、澳大利亚等国也开始纷纷向越南示好。作为一个经济刚刚起步的东南亚国家，越南对“印太战略”的实施起着至关重要的作用。

首先，越南在亚太地区具有重要的地理位置，特别是位于越南东南部的重要的军港和海军基地金兰湾（Cam Ranh Bay），是扼守西太平洋南部的海上要冲。从地缘战略上看，金兰湾拥有得天独厚的地理位置，号称“亚洲第一军港”，一直是越南对外联系的门户之一。在历史上曾先后被法、日、美、苏等国作为大型军港使用，是越南目前唯一可停靠航空母舰的深水良港，具有不可估量的战略价值。

其次，蓬佩奥此次访问越南，其目的是推动自由开放的“印太战略”。美国想通过越南作为支点，以实现“印太战略”。越南地处中国与东南亚之间，有着非常重要的地缘战略位置。如果越南参与到“印太战略”中，那么“印太战略”就有了一个关键的核心战略支撑点。而随着中美博弈的加强，美国更加重视和越南的关系。

再次，近年来，越南是东南亚各国中经济发展较为出色的国家。在新冠肺炎疫情全球蔓延的背景下，世界经济总体上呈衰退趋势，而越南是 2020 年东盟地区唯一实现正增长的经济体。时任越南政府总理阮春福（Nguyen Xuan Phuc）在 10 月政府例行会议上对 2020 年前 10 个月的国内形势作出评估，认为尽管从 10 月开始越南中部连续遭受台风袭击，造成重大损失，但是，越南经济增长率依然有望达到2%—3%。[①]

此外，越南在与东盟国家及域外主要国家社会网络中有特殊关系，以及越南在承接产业链转移方面具有优势。

第一，越南在与东盟国家及域外主要国家社会网络中有特殊关系。

这里依托中国—东盟信息港大数据研究院东盟舆情监测平台，获取全球媒体数据库（GDELT）2020年1月至11月全球媒体对东盟国家新闻报道的数据，将计算出的正面和负面舆情信息的数量作为权重，构建了越南与东盟国家及域外主要国家之间的社会网络关系图。在图1和图2中，每个图边的大小反映了两国之间正面与负面的舆情信息量，边越宽所反映的相应舆情信息量就越大。箭头方向反映的是箭头指出国家对箭头指向国家的正负面舆情态度。这两张图分别反映了越南与东盟国家及域外国家之间的正负面关系。以正面态度为例，“国家A→国家B”指的是国家A对国家B舆情信息的正面态度。其中，白色圈代表东盟域外国家，包括澳大利亚（AUS）、德国（DEU）、印度（IND）、俄罗斯（RUS）、英国（GBR）、法国（FRA）、韩国（KOR），灰色圈为东盟国家，包括新加坡（SGP）、老挝（LAO）、缅甸（MMR）、文莱（BRN）、印尼（IDN）、马来西亚（MYS）、菲律宾（PHL）、泰国（THA）、柬埔寨（KHM），虚线圈为越南（VNM），正六边形为本文主要考察的国家，包括中国（CHN）、美国（USA）和日本（JPN）。

由图1可见，在东盟国家中，美国和越南、菲律宾之间的负面舆情相对于其他国家要多。同样，越南、菲律宾与中国的负面舆情也比较多。这是因为在东盟国家里面，越南是与中国有海域争端负面关系的少数国家之一，因此成为中美竞争的一个关键支点。这也是美国、日本将越南作为“印太战略”支点的重要原因。美国、日本想以此遏制中国在东南亚地区日益上升的影响力。近些年来，南海引发的争端事件频有发生。这导致了各声索国对中国不同程度的偏见及戒备。从本国的利益出发，东盟各国自身的发展既依赖于中国，又害怕过度依赖中国。面对中国飞速发展的经济技术，东盟各国开始有想要摆脱依附中国的想法，特别是包括越南在内的南海声索国，担心日益强大的中国会破坏南海的安全。出于小国对大国的

---

① 博玉：《2020年越南经济增长率可达2%—3%》，越南新闻社，2020年9月21日，https：//www.imsilkroad.com/news/p/428014.html，登录时间：2020年11月7日。

戒备心理，这些国家开始慢慢将产业链转移至其他国家以减轻在经济上对中国的依赖。

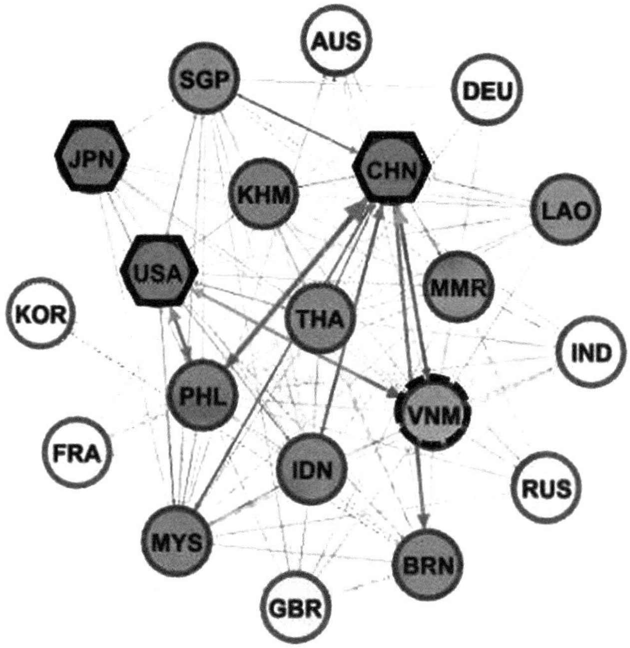

图 1　越南与主要国家负面舆情信息社会网络关系

资料来源：笔者根据中国—东盟信息港大数据研究院提供的数据绘制。

由图 2 可见，越南与美国、中国和日本的正面舆情信息大于与其他国家的正面舆情信息。越南与东盟国家的联系相对于域外其他国家并没有那么紧密。这与越南维护自身利益有一定的关系。越南的经济发展跟中国、美国和日本有紧密的关系。2020 年越南首次超过德国成为中国第六大贸易伙伴。在中美博弈的大背景下，越南在中美之间推行“大国平衡”战略。一方面，越南要加强同中国的贸易联系以发展本国经济；另一方面，越南希望依靠美国尽可能地维护其在南海的既得利益。在中美博弈的大背景下，越南在中美之间推行外交平衡，试图实现经济和安全利益最大化，故而越南对“印太战略”所发挥的“支点”作用有限。

第二，越南承接产业链转移具有优势。

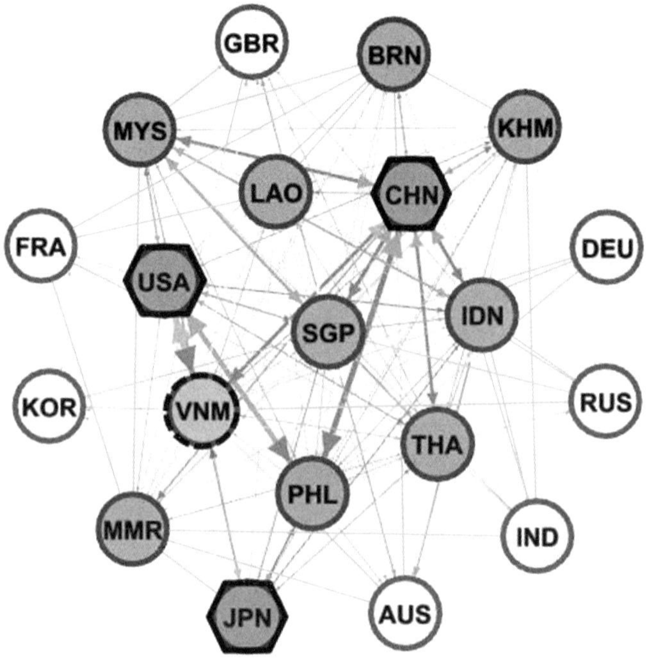

图 2　越南与主要国家正面舆情信息社会网络关系

资料来源：笔者根据中国—东盟信息港大数据研究院提供的数据绘制。

在新冠肺炎疫情暴发的背景下，由于越南的疫情防控积极有效，经济受疫情冲击的程度相对较小。受益于开放的经济环境、优越的地理位置、丰富的劳动力资源和相对较低的人工成本，2010 年至 2019 年越南制造业实现快速发展。越南承接产业链转移具有绝对优势。越南从 20 世纪 80 年代中期效仿中国实行革新开放，国家重心转移到经济建设上，但是越南面临诸多难题，缺乏资本和技术，只能走类似韩国的路线发展外向型经济。因此，越南需要与主要经济体维护好关系。同时，各国发展同越南的关系，可以实现在该地区的利益，而且各国企业在越南发展过程中也面临着很多机遇，尤其是越南廉价的劳动力，这可以为各国企业转移生产基地提供机会，降低企业生产成本。所以，越南受到世界主要国家尤其是西方国家的青睐。越南在承接产业链转移方面具有以下优势：

首先，成本优势。越南拥有比较廉价的劳动力市场，具有劳动力成本低的优势；在土地和资源方面，越南也具有相对优势。据日本贸易振兴会统计的资料，在同等条件下，越南的生产成本比中国低 15%—30%。[①]

其次，投资优惠政策。越南从 1986 年开始实行革新开放，政府一直非常重视引进外资。越南计划投资部表示，越南政府正着手制定特殊优惠政策，以吸引大投资商和重点项目。2020 年《投资法》第 20 条规定，越南政府决定采取特殊投资优惠和支持政策，这些优惠政策可超越现行规定。有关数据显示，在 2020 年前 10 个月，越南累计吸引外资 234.8 亿美元，虽然仅相当于 2019 年同期的 80.6%[②]，但在全球投资因新冠肺炎疫情而大幅缩水的背景下已属不易。

再次，地理位置优势。越南位于中国—东盟自贸区、北部湾经济带和大湄公河次区域三个经济区的交界点上，处在中国和东盟陆路通道之间，东北连接中国华南和沿海地区，西南直通新马泰，其战略位置无与伦比。另外，越南不断完善的基础设施，为越南承接产业链转移提供了更好的便利条件。

最后，基于越南面临的资本不足、技术落后等难题，加上日本想摆脱对中国供应链的依赖，日企在东盟各国积极打造新的生产基地。目前确定的 30 个有关日企投资转移的项目中，有 15 个在越南，可见越南在日本供应链调整计划中的重要地位。[③] 贸易保护主义抬头、全球产业链重组，促使了日本与东南亚国家加强合作，也有了避免对中国供应链过度依赖的想法。尤其是在新冠肺炎疫情之下，日本认为对中国的口罩等防疫物资不能依赖过高，要确保产业链“安全”。

三　越南—美国—日本互动的最新态势

菅义伟在出访越南时签署《防卫装备品及技术转让协定》，此协定将

① 刘林森：《上海工资高过吉隆坡 跨国外企开始移情东南亚》，中国经济网，2006 年 1 月 10 日，http://www.ce.cn/ztpd/hqmt/gnmt/zgjjzk/more/200601/10/t20060110_5779646.shtml，登录时间：2020 年 11 月 8 日。

② 《越南拟为大项目“量身定做”特殊优惠政策》，驻胡志明市总领事馆经济商务处，2020 年 11 月 13 日，http://hochiminh.mofcom.gov.cn/article/jmxw/202011/20201103015413.shtml，登录时间：2020 年 11 月 13 日。

③ 《菅义伟访越南就东海南海问题表“关切”，安倍“刷存在感”靖国神社再“拜鬼”》，《环球时报》2020 年 10 月 20 日，https://news.china.com/international/1000/20201020/38867754.html，登录时间：2020 年 11 月 13 日。

会成为日本向越南出口防卫装备的法律框架。除此之外，日本也在和印尼以及泰国就防卫装备出口协议的签署进行谈判。由此可见，日本一直致力于将东南亚作为其军事装备的主要出口市场。

另外，日媒称，在东南亚地区，越南和印尼这两个国家占据着一定的优势。菅义伟此行拉拢这两个国家，就是为了实现“自由开放的印太”构想，配合美国开展活动。

由此也可以看出，菅义伟正在继承安倍的外交策略，加强与美印澳三国之间的合作，想要尽早实现所谓“印太战略”，同时也想提升日本在该地区的影响力。菅义伟已表明东南亚之行的目的在于继续推进“自由开放的印太战略”。据美联社 2020 年 11 月 19 日的消息，菅义伟已经与时任越南总理阮春福达成协议，允许日本向越南出口国防设备和技术。日本近年来一直寻求与东盟国家达成此类协定，以加强与东南亚国家的联系。这一协定的达成，为被新冠肺炎疫情笼罩的日本国防工业注入了新的驱动力。这一协定也是菅义伟上台以来的第一项外交成果。

自菅义伟访问越南之后，两国高层领导保持着密切联系。越南国会主席王庭惠（Vuong Dinh Hue）于 2021 年 6 月 21 日在河内以视频方式与日本众议院议长大岛理森（Oshima Tadamori）举行会谈。会上，双方一致同意，继续促进两国议员间的交流与合作关系，并强调了维护南海和平稳定的重要性。

蓬佩奥在访问越南期间，大力宣传美方的“印太战略”，并挑拨中国与南海主权声索国之间的关系。蓬佩奥的一系列错误言行进一步暴露了美方的不良用心，彰显了美国自身存在的严重问题。蓬佩奥此次越南之行并没有取得所期待的效果，究其原因，首先是蓬佩奥试图分化执政党与人民的言论在东南亚国家很难得到支持。东南亚国家的执政党或执政联盟更希望将政党、人民以及国家的发展捆绑在一起，而非催生执政党与人民的分裂，继而导致国家陷入不稳定的状态。其次是蓬佩奥对中国的许多无理指责实际上已经干涉了他国内政，一贯秉持中立态度的东南亚国家绝不愿意逾越这条红线，加入美国“批评中国”的阵营。最后是受历史、文化和传统的影响，出于国家和政权的稳定性及合法性考虑，东南亚国家不愿加入美国挥舞“民主大棒”的队伍中。

为了更好地维护自己的国家利益，越南在中美之间推行大国平衡外交战略。越南政府副总理范平明（Pham Binh Minh）于 2021 年 7 月 1 日晚与美国国家安全顾问杰克·沙利文（Jake Sullivan）通电话，双方就越美关系以及共同关心的国际和地区问题展开讨论。7 月 4 日，正值美国建国 245 周年之际，越南国家主席阮春福和政府总理范明政（Pham Minh Chinh）分别向美国总统乔·拜登（Joe Biden）致贺电。7 月 20 日，美国五角大楼发言人约翰·柯比（John F Kirby）发布消息称，美国国防部长劳埃德·奥斯汀（Lloyd Austin）将访问越南。约翰·柯比就此宣称，这凸显了美国政府对东南亚国家、东盟国家在该国“印太战略”中的重视。

总的来说，美国已经从地理概念层面将“印太”摆上了台面，采用政治打压、外交拉帮结派，通过军演、军售等行动，不断将“印太战略”坐实，其产生的地缘政治影响值得我们认真审视和高度警惕。

四　结语

纵观此次美日访越之行，其真正目的一方面是急于寻求与越南的合作，另一方面则是一心想要制衡中国在东南亚地区的影响力，两者不谋而合。面对当下的美国、日本和越南的互动态势，中国应在保持高度警惕的同时，秉持共商、共建、共享的理念，加强与周边国家之间的互访和磋商。中越双方经贸联系越来越紧密，中国已经成为越南政治稳定和长远发展的重要依托。无论是美国还是日本，最近在东南亚推行的“印太战略”并没有达到预期的成效。分析其主要原因是，很多东盟国家认为特朗普治下的美国对盟友和伙伴的安全承诺并不可信，因而对美国提出的安全合作作出了消极或拖延的回应。在新冠肺炎疫情暴发、资源有限的特殊形势下，美国对东南亚国家的常规援助无法实现，这些因素可能会导致东南亚国家在自身的发展过程中寻求更多元化的合作关系。

中国一方面要冷静应对美国的积极攻势，强化对越南等南海主权声索国的全面外交，使美国不得不和中国继续限定在经济方面进行竞争；另一方面中国还需要强化对美外交，通过有效举措争取美国对华稳健派，最大限度地扭转中美关系恶化趋势。在中美战略对抗尚未成为定局的情况下，中国宜以“只争朝夕”的精神与美国一道推动对中美南海竞争进行有效管理，既不能使得双方擦枪走火，也不能让稳定、繁荣、发展的东南亚地区背离美好的发展前景。

中国抗击新冠肺炎疫情的阶段性胜利，在一定程度上巩固了中国在全球分工体系中的地位，也扩大了中国应对越南挑战的政策空间。中国应利用当前相对有利的环境，积极推行内外改革措施，推动抗疫成功的短期效应长期化。中国对内应继续加大对5G、人工智能、新能源等新兴产业领域的投入，借助“新基建”推动国民经济的数字化转型，将科技领域的创新转变为新的经济增长点，缓解老龄化等因素对中国产业升级的压力；利用国内完整的工业体系，加速推进“一带一路”建设，以确立“双循环”为目的，强化中国与外部世界的经济联系。

Observation of Vietnam-U. S. -Japan Interaction under the Indo-Pacific Strategy: Based on Suga Yoshihide and Pompeo's Visit to Vietnam

Liang Liying

Abstract Vietnam's economic development and its superior geographical location have attracted countries outside the region to continuously strengthen close relations with Vietnam. At the same time, this has also led to Vietnam become an indispensable part of the US's Indo-Pacific strategy. The newly elected Japanese prime minister visited Vietnam from 18 –20 October, 2020. The two sides reached a series of agreements on technology transfer and other fields, and also reached consensus in the field of arms and security. During this visit, Japan actively promoted the US Indo-Pacific strategy to Vietnam. After Japan, US Secretary of State also quickly visited Vietnam. Vietnam, the United States and Japan have important strategic interests in the South China Sea. As far as the current situation is concerned, China is one of the largest economic partners of Japan and Vietnam, and the economic development of the two countries is largely dependent on China. In addition, the economies of China and the United States are still relatively complementary and difficult to decouple. Therefore, proceeding from the interests of all countries, peaceful development is still the general trend in the relations between China, Vietnam, the United States and Japan.

Key Words Vietnam; Japan; the United States; Indo-Pacific Strategy

Author Liang Liying, Public Opinion Research Assistant, China-ASEAN Information Harbor Institute of Big Data Research, Guangxi University.

区域合作

Regional Cooperation

日本对《区域全面经济伙伴关系协定》的认知和评价

赵乙臻　戴轶

【摘要】 日本是《区域全面经济伙伴关系协定》（RCEP）的发起国之一。本文总结并分析了日本政府官员、智库专家和主流媒体对 RCEP 条款细则、日本经济外交策略和亚太区域经济关系的认知与评价。研究发现，日本对 RCEP 评价积极，认为 RCEP 与日本 FTA 战略中的经济和政治外交目标相一致，RCEP 条款基本达到其经济预期。日本希望通过完善条款内容，深化与中国和东盟等东亚国家的经济合作。RCEP 框架下的亚太区域经济关系竞争与合作并存，日本的认知和策略选择呈现出复杂的多面性，对中国采取"制度制衡"、对东盟等其他经济体采取"拉拢合作"、对美国采取"中间平衡"的策略，从而试图主导 RCEP 的具体实施和发展趋势。对此，中国应该给予充分的重视，积极应对。

【关键词】《区域全面经济伙伴关系协定》　日本　经济合作　亚太区域经济关系

【作者简介】 赵乙臻，华中师范大学政治与国际关系学院硕士研究生；戴轶，华中师范大学政治与国际关系学院教授、博士生导师。

第四次《区域全面经济伙伴关系协定》（Regional Comprehensive Economic Partnership，RCEP）领导人会议于 2020 年 11 月 15 日举行，东盟十国以及中国、日本、韩国、澳大利亚、新西兰共 15 个国家正式签署《区域全面经济伙伴关系协定》（以下简称"协定"），标志着全球规模最大的自由贸易协定（Free Trade Agreement，FTA）正式达成。在新冠肺炎疫情冲击、世界经济衰退、国际贸易萎缩和单边主义加剧的背景下，RCEP 经过 8 年“长跑”，终于尘埃落定完成签署，各国启动国内核准程序，等待协定最终生效。①

亚太地区成长为全球经济的新增长极，各经济体间不断深化生产、贸易与服务网络，通过区域经济合作逐步融入全球产业链，提升国际竞争力。在竞争性贸易自由化趋势下，中国灵活地运用多重合作机制，提出构建亚太命运共同体，首要目标就是提升区域经济一体化水平，RCEP 是其中的阶段性成果之一。对中国而言，从亚太区域经济合作的角度考察 RCEP 框架，其中存在两个关键性角色：日本和东盟。日本是亚太地区另一个区域自由贸易协定——《全面与进步跨太平洋伙伴关系协定》（Comprehensive and Progressive Agreement for Trans-Pacific Partnership，CPTPP）的领导者，而东盟是 RCEP 的发起国，两方与中国都有着深厚的经贸联系，CPTPP 和 RCEP 在成员国范围和协定内容上又存在一定程度的竞合关系。在此背景下，日本和东盟的经济战略选择对亚太区域经济合作的发展显得尤为重要。由于东盟内部发展程度差异较大，没有统一的经济政策导向，暂时难以将其视为“步伐一致”的独立变量进行分析。日本因具有世界排名第三的经济体量、与中美两国紧密的经济关系和区域 FTA 的先行者身份而具有独特的战略地位。RCEP 生效后，日本所采取的经济策略会直接影响协定的具体实施和发展趋势，进而影响中国、东盟以及其他参与国的经济利益和发展战略，这些因素将共同作用于亚太区域的经济和政治格局。从日本的视角定位当前亚太区域经济合作的客观形势，有助于中国合理预判因经济格局变化而带来的新挑战，及时采取切实可行的应对之策，本文将基于日本对 RCEP 的总体评价、预期效果、经济关系以及政策导向展开分析。

一　RCEP 符合日本的 FTA 战略目标

日本首相菅义伟（Suga Yoshihide）在 RCEP 签署后召开的亚洲太平洋经济合作组织（Asia-Pacific Economic Cooperation，APEC）峰会上发表讲

① 《李克强出席第四次区域全面经济伙伴关系协定领导人会议，各方正式签署“区域全面经济伙伴关系协定”》，中国自由贸易区服务网，2020 年 11 月 15 日，http：//fta. mofcom. gov. cn/article/rcep/rcepnews/202011/43462_ 1. html，登录时间：2021 年 1 月 12 日。

话，表明日本官方立场，称赞 RCEP 为构建亚太范围内自由且公正的国际经济秩序提供了宏观框架。[①] 日本给出如此积极的评价，是因为 RCEP 是其构建和完善 FTA 战略体系中的关键环节，符合其 FTA 战略目标。作为 RCEP 的积极推动者，日本在谈判之初就将 RCEP 纳入 FTA 战略体系中，进行系统且全面的分析。在协定签署后，日本各界对其给予了正面的评价。在 RCEP 框架下，日本既重视经济利益，也希望开展广泛的经济外交，对今后亚太区域的经贸合作寄予厚望。

根据 2002 年 10 月日本外务省发布的《日本的 FTA 战略》[②] 这一纲领性文件，日本在 FTA 战略实施之初，就提出以东亚为中心积极与世界各个国家或地区缔结 FTA 的指导方针，同时载明其战略目标分为经济和政治外交两方面。经济方面的目标主要有：第一，通过签署 FTA 逐渐实现区域经济一体化，扩大国际市场，完善高效率的产业链，维护国际经贸环境稳定；第二，通过 FTA 推动日本国内经济改革，包括农业改革和工业改革等，提升日本企业的竞争条件；第三，寻找与日本有着密切经济联系但是却存在较高贸易壁垒的国家和地区优先缔结 FTA，消除日本经济发展的不利因素。政治外交方面的目标是：第一，建立并扩大 FTA 规则的接受范围以处理贸易争端，弱化经济问题所导致的政治摩擦；第二，通过加深经济上的相互依赖，产生政治上的信赖感，从而扩大日本在全球的外交利益和影响力。日本对 RCEP 的总体认知和评价主要围绕全球经济环境、区域产业链和协定条款展开，认为 RCEP 有利于进一步实现其经济和政治目标。

当前全球经济低迷，在贸易保护主义的负面影响和新冠肺炎疫情在全球蔓延的背景下，日本在判断国际局势时显得谨慎且悲观。但在 RCEP 顺利签署后，日本对于亚太区域的经贸环境却有着正面的认知，认为客观上 RCEP 打破了疫情之后不断加剧的全球经贸萎缩的局面。这得益于作为主

---

① 朝日新聞，「RCEP、きょう署名 首相明言」，2020 年 11 月 15 日，https：//digital. asahi. com/articles/DA3S14695943. html，登录时间：2020 年 12 月 2 日；読売新聞，「菅首相しっかり防疫措置、国際的な経済活動を再開…APEC 関連行事でビデオ演説」，2020 年 11 月 20 日，https：//www. yomiuri. co. jp/economy/20201120-OYT1T50143/，登录时间：2020 年 12 月 2 日。

② 日本外務省网站，『日本のFTA 戦略』，平成 14 年 10 月，https：//www. mofa. go. jp/mofaj/gaiko/fta/policy. html，登录时间：2021 年 7 月 21 日。

要参与国的亚洲国家以全球化为杠杆享受到了经济增长的好处[①]，在全球自由贸易“逆向”发展的趋势下，仍然选择进行经贸合作。同时，日本称赞中国和东盟等亚太国家能够采取严格的措施管控新冠肺炎疫情蔓延，为后疫情时代的经济发展创造良好的环境。与此相反，日本对欧美国家持有相对悲观的态度，认为欧美国家敦促生产基地回归本国的动向愈加明显，可能会逐渐丧失在自由贸易中的优势地位。加之尚未走出疫情危机，其经济发展呈现出明显的下滑趋势。随着“世界贸易由欧美进一步向亚洲转移”[②] 的事实凸显，亚太地区作为世界经济增长的引擎，“有望成为未来世界经济稳定的重要支点”[③]。

RCEP 突破逆全球化的趋势得以签署，亚太国家通过强化经济合作关系，提高区域经济一体化水平，极大地增强了包括日本、中国和东盟在内的亚洲国家的经济自信心和团结力，更重要的是有助于进一步完善亚太地区产业链。日本外务大臣茂木敏充（Motegi Toshimitsu）发表讲话称：“RCEP 是日本与中国、韩国、东盟开展合作的新框架，日本非常欢迎。”[④] 日本经济团体联合会（Japan Business Federation）会长中西宏明（Nakanishi Hiroaki）分析预测说：“通过 RCEP，亚太地区能够形成繁荣且稳定的经济环境，区域内部的贸易和投资规模将持续扩大，制造业的效率将得到大幅度提升，产业链也将变得更加坚韧且富有弹性，例如工业零部件在日本生产后被运输到中国和东南亚进行组装，然后再出口到全球。”[⑤] 当前亚太区域内部的生产和贸易分工逐渐趋于成熟，已经形成相对完整的经济产业链，各参与国能够淡化政治立场和利益诉求的差异，以 RCEP 框架为组

① 朝日新聞，「中国、米牽制狙うRCEP」，2020 年 11 月 16 日，https://digital.asahi.com/articles/DA3S14696226.html?pn=4，登录时间：2020 年 12 月 2 日。

② Newsweek，「RCEPは中国のクーデターと危機感を強めるアメリカ、世界貿易の欧米離れを止められるか」，2020 年 11 月 17 日，https://www.newsweekjapan.jp/stories/world/2020/11/rcep-1.php，登录时间：2020 年 12 月 30 日。

③ 木内登英，「米中対立の火種燻るRCEPに日本があえて参加した2つのメリット」，DIAMOND，2020 年 11 月 25 日，https://diamond.jp/articles/-/255293，登录时间：2020 年 12 月 21 日。

④ 共同通信，「中韓参加の枠組み歓迎、茂木外相 RCEP 署名を評価」，2020 年 11 月 15 日，https://www.47news.jp/news/5496185.html，登录时间：2020 年 12 月 4 日。

⑤ 産経新聞，「中国、影響圏拡大へ米抜き経済圏に注力 李首相は自由貿易の勝利と強調」，2020 年 11 月 15 日，https://www.sankei.com/economy/news/201115/ecn2011150010-n1.html，登录时间：2020 年 12 月 15 日。

带提升经济相互依存度，共同朝着全面且高效的区域经济一体化迈进。①

关于协定条款，因为涵盖传统贸易领域和非传统贸易领域而具有开创性和建设性，日本认为，RCEP 能够提升区域经济规则的有效性，不仅实现了各参与国希望削减关税等货物贸易壁垒的利益诉求，同时还涉及一些非传统贸易议题，在区域层面对难以真正发挥作用的世界贸易组织（World Trade Organization，WTO）体制进行有效补充。② 目前，虽然部分亚太国家签署了双边 FTA，但是却没有签署能够覆盖整个东亚的区域 FTA。RCEP 将有效地整合亚太尤其是东亚国家间的经贸资源，建立起更广泛的经济联系，将区域内国家纳入一个统一的规则体系中，帮助各国减少贸易摩擦，更好地解决争端。在非传统贸易领域，作为科技强国的日本格外重视 RCEP 条款中有关知识产权保护和电子商务等新兴领域的规则，依照高标准考察其有效性，判断其是否有利于日本高科技领域的可持续发展。目前全球在经贸新兴领域并没有达成统一的标准，部分参与国在知识产权等非传统贸易领域的规则制定方面缺乏相关经验，无法在规则谈判和后续完善工作中提出有利于本国的提案，只能选择跟随有经验的国家，而日本已经通过与发达国家缔结自由贸易协定积累了相关经验。以此为基础，日本希望通过签署 RCEP 推动更多东亚地区新兴国家逐渐接受全面且高标准的新经贸规则，主导亚太区域经贸规则的制定，从而提升话语权和影响力。

二　RCEP 对日本经济的影响评估及日本的策略分析

RCEP 条款主要涉及多国间货物贸易、服务贸易和投资等 20 个领域的共同规则。日本经济产业部门认为，RCEP 包含对日本经济发展有着显著促进作用的条款，主要集中于货物贸易领域的关税削减上，尤其是中国的关税率得到大幅度削减；同时，RCEP 也存在不利于日本经济发展的因素和未能达到日本预期效果的领域，大多涉及敏感的第一产业和开放程度较

---

① DIAMOND，「RCEP 誕生で中国はTPP 包囲網を突破、米国に対抗する次の一手とは」，2020 年 11 月 25 日，https：//diamond. jp/articles/ －/254732，登录时间：2020 年 12 月 21 日。

② 川瀬刚志，「RCEP、地域連携の意義は専門家に聞く」，朝日新聞，2020 年 11 月 17 日，https：//digital. asahi. com/articles/DA3S14697742. html？ pn＝4，登录时间：2020 年 12 月 2 日。

低的新兴贸易领域。

（一）有利于日本经济发展的协定内容

协定文本规定，RCEP 的主要目标之一是通过逐步取消缔约方之间实质上所有货物贸易的关税和非关税壁垒，实现缔约方之间货物贸易的自由化和便利化。① 相比于服务贸易和投资等领域，日本通过货物贸易领域所获的经济收益预计将显著增长，主要得益于 RCEP 是日本与第一大贸易伙伴国中国和排名第三的韩国之间的首个自由贸易协定，货物关税将得到大幅度削减。日本经济产业部门给出的具体统计是："中国将分阶段地对 86% 的日本产品免除进口关税，而在 RCEP 签署前中国对日产品实行零关税的比例只有 8%。韩国对日本产品的关税减免比例也将由 19% 扩大到 92%。"② 这也是中国、日本和韩国之间首次达成的关税减让安排，在 RCEP 框架下，一直谈判未果的中日韩自贸区得以间接实现。"中日韩之间的贸易往来非常频繁，各自拥有比较优势，日本拥有丰富的资本和尖端科学技术，韩国在半导体领域具有优势，中国则是制造业强国，三个国家产业融合程度高，经济上呈现互补关系。通过建立自由贸易区，可以实现双赢，也将在与世界其他强国的经济谈判中拥有更多的筹码，其意义将不可估量。"③ 根据 RCEP 的规定，各缔约国承诺将逐年降低原产货物的进口关税，在关税削减期满后，区域内货物贸易零关税产品占比最终将超过 90%。④ 具体到相关领域，各国对日本关税削减率最高的是工业产品，部分产品甚至首次开放并进行关税削减；农业和食品领域则受到日本国内消

① 《区域全面经济伙伴关系协定》第一章初始条款和一般定义，中华人民共和国商务部网站，http：//fta. mofcom. gov. cn/rcep/rcep_ new. shtml，登录时间：2021 年 1 月 5 日。

② 読売新聞，「RCEP 署名 自由貿易を発展させる土台に」，2020 年 11 月 16 日，https：//www. yomiuri. co. jp/editorial/20201116-OYT1T50219/，登录时间：2020 年 12 月 2 日。

③ DIAMOND，「RCEP 誕生で中国はTPP 包囲網を突破、米国に対抗する次の一手とは」，2020 年 11 月 25 日，https：//diamond. jp/articles/ -/254732，登录时间：2020 年 12 月 21 日。

④ 《RCEP 为中日更高水平开放合作注入强劲动力》，中华人民共和国商务部网站，2021 年 3 月 2 日，http：//fta. mofcom. gov. cn/article/fzdongtai/202103/44582 _ 1. html，登录时间：2021 年 6 月 11 日。

费者的广泛关注，因此这两个领域备受日本重视。[1]

在工业领域，RCEP 生效后，91.5% 的日本工业产品关税将阶段性地被取消，其中关税减让幅度最大的产品是汽车零部件，最终出口至中国的 87% 的汽车零部件将实现零关税，主要有电动汽车用的锂电池、发动机、变速箱等。[2] 当前全球新能源汽车产业正在快速发展，在 RCEP 辐射范围内，随着关税大幅降低，日本的汽车零部件等工业产品能够体现技术和价格比较优势，以此为牵引，推动日本国内第二产业的发展。随着区域内部生产与经贸合作实现便利化，日本因其技术和价格优势而成为产业链上不可或缺的关键一环，亚太国家在工业产品方面尤其是汽车零部件领域很容易产生对日需求依赖。对此，日本希望充分发挥产业循环优势，通过扩大出口，提高产量和革新技术，进一步开拓亚太市场，重新取得在工业领域的相对优势地位。第二产业的再次复兴也能够创造更多的就业机会，提振整个日本社会的经济发展。

在农业和食品领域，亚太国家普遍持保守态度，但是日本期望以 RCEP 框架下的国家合作为杠杆，扩大农林水产品的出口，制定了放宽或废除出口产品限制等市场政府一体的计划方针，尤其致力于推动扩大与中国的农产品和食品贸易。[3] 在出口方面，日本则重视中国庞大的食品市场，2019 年日本对外食品出口额排在前三位的分别是中国香港、中国内地和美国，虽然中国大陆仅仅排在第二位，但是日本出口至中国内地的食品总额以 15% 的增幅排在首位。在 RCEP 生效后，中国将免除日本生产的日本酒、烧酒和干贝等食品的关税，中国作为日本食品出口目的地国的重要性立即提升。自从 2011 年福岛核泄漏事故发生后，中国严格限制进口日本食品，日本外务省官员认为，如果该限制继续下去，RCEP 的预期效果可能会减半。因此，在 2020 年 11 月 24 日举行的中日外长会上，应日本的要

---

① 読売新聞，「RCEP 署名 自由貿易を発展させる土台に」，2020 年 11 月 16 日，https://www.yomiuri.co.jp/editorial/20201116-OYT1T50219/，登录时间：2020 年 12 月 2 日。

② 朝日新聞，「RCEPに15カ国が署名 日中韓、初の自由貿易協定に」，2020 年 11 月 15 日，https://digital.asahi.com/articles/ASNCH4PXDNCGULFA00H.html?pn=4，登录时间：2020 年 12 月 2 日。

③ 时事通信社，「5 兆円達成へ輸出産地海外向け特化、技術・資金支援—地方経済活性化政府」，2020 年 11 月 19 日，https://www.jiji.com/jc/article?k=2020111900842&g=eco，登录时间：2020 年 12 月 4 日。

求，两国专门就农业和食品建立了一个新的框架，双方将尽快对此展开讨论。[①] 日本期望中国放开食品市场，降低对日食品和农业产品的关税壁垒，以期双方在 RCEP 中的合作效果实现最大化。[②] 相应地，日本也承诺阶段性地削减对中国食品的关税，将在 11 年时间内取消主要从中国进口、用于制作油炸食品的冷冻蔬菜的关税（9%）和从中国进口、约占总进口六成的松茸的关税（3%），在 16 年时间内取消用于制作方便食品的干燥蔬菜的关税（9%），深受日本消费者喜爱的绍兴酒和白酒、米酒和韩国烧酒的关税也将阶段性地被取消，此举有利于日本国内的消费者。[③]

（二）未能达到日本预期效果的领域

虽然从整体上看，日本各界认可 RCEP 生效后能够为经济发展带来重大利好，但是也有分析人士对 RCEP 持否定态度，主要原因是条款内容存在对日本不利的因素以及某些领域未达到预期效果。由于考虑到各参与国不同的接受程度，日本采取暂时妥协的态度接受目前签署的 RCEP 条款，但是也提出在未来的谈判中需要不断改进。日本学者指出："RCEP 自由化程度较低，更多的是追求经济利益，涉及知识产权、劳动者权利、环境问题、国有企业等各方面的规则并不那么严苛，因此参与国家才能完成签署。"[④] 总结各方评论，日本的担忧主要有以下三点：

首先，对于日本而言，RCEP 框架下国家间的开放程度仍然较低。日本目前已经与世界主要发达国家签署了 FTA，与关税削减率几乎达到 100% 的 CPTPP 和日欧经济伙伴关系协定相比，RCEP 条款则规定以阶段性

---

① 田所柳子，「政府、中国への食品輸出拡大に本腰 インフルエンサー起用し特産品 PR」，每日新聞，2020 年 11 月 25 日，https://mainichi.jp/articles/20201130/k00/00m/010/173000c，登录时间：2020 年 12 月 7 日。

② 时事通信社，「5 兆円達成へ輸出産地海外向け特化、技術・資金支援一地方経済活性化政府」，2020 年 11 月 19 日，https://www.jiji.com/jc/article?k=2020111900842&g=eco，登录时间：2020 年 12 月 4 日。

③ 朝日新聞，「RCEPに15カ国が署名 日中韓、初の自由貿易協定に」，2020 年 11 月 15 日，https://digital.asahi.com/articles/ASNCH4PXDNCGULFA00H.html，登录时间：2020 年 12 月 2 日。

④ 木内登英，「米中対立の火種燻るRCEPに日本があえて参加した2つのメリット」，DIAMOND，2020 年 11 月 25 日，https://diamond.jp/articles/-/255293，登录时间：2020 年 12 月 21 日。

的方式取消或者削减关税，期限最长达21年。缔约国并不能立即享受到最优关税待遇，很难在短期内看到显著的经济效果。由此，日本并不能马上发挥工业产品的价格优势，其国内第二产业的发展也不能取得立竿见影的效果。除了不满足于关税削减期限较长之外，日本相关业内人士还有其他的担忧。在 RCEP 生效后，亚太国家间的贸易和投资壁垒降低，生产当地化速度加快，工业产业能够更加便利地迁往人工或材料成本较低的国家进行生产，然而日本在国际市场上并不具备这方面的竞争优势，导致仍然留在其国内的部分企业面临被淘汰的风险。一位日本汽车零部件企业的领导对此表示出担忧："预计没能进军海外而留在国内的零部件企业的订单会减少，相比之下，在成本竞争力较高的中国可能会出现更多集中生产的动向。"① 因此，日本的第二产业能否真正获得竞争优势地位仍是未知数。

其次，日本在提高 RCEP 的开放程度上仍然面临着国内阻力，需要顾及脆弱的国内农业部门。关乎日本国内粮农安全的"重要5品目"——大米、小麦、牛肉、猪肉以及乳制品在 RCEP 条款中并未被提及，而是被排除在关税削减对象之外。还有日本主要依赖进口的洋葱和胡萝卜等新鲜蔬菜也基本上维持目前的关税。从数据上看，日本对中国农产品的关税削减率为56%，对韩国为49%，与 CPTPP 82% 相比差距较大。相较于工业领域，日本的农业产品在 RCEP 中处于相对劣势地位。对进口"重要5品目"的关税一旦放开，中国和东盟等亚太地区的农业大国生产的大米等粮食作物可能会迅速进入日本市场，依靠低廉的价格挤占市场份额。日本国内的农业将不可避免地受到进口农产品的冲击。即便日本在农业领域持保守态度，RCEP 仍然遭到农业领域人士的抵制，这是未来日本在扩大 RCEP 开放程度时不得不跨越的国内障碍。现阶段，日本采取尽可能地减少对本国农林水产行业刺激的举措，暂时不开放敏感的"重要5品目"的关税，以实现 RCEP 提案在国内顺利通过并生效。②

---

① 朝日新聞，「RCEPに15カ国が署名 日中韓、初の自由貿易協定に」，2020年11月15日，https：//digital. asahi. com/articles/ASNCH4PXDNCGULFA00H. html，登录时间：2020年12月2日；日経新聞，「（社説）RCEPを日本主導で大きく育てたい」，2020年11月15日，https：//www. nikkei. com/article/DGXMZO66250760V11C20A1SHF000？unlock = 1，登录时间：2020年12月15日。

② 朝日新聞，「RCEPに15カ国が署名 日中韓、初の自由貿易協定に」，2020年11月15日，https：//digital. asahi. com/articles/ASNCH4PXDNCGULFA00H. html，登录时间：2020年12月2日。

最后，考虑到缔约国不同的经济发展程度，RCEP 在一体化路径上采取了相对灵活的形式，尤其是在新兴经贸领域针对特定领域和特定国家制定了特殊条款。有日本学者批评说，“特殊条款就是 RCEP 中最不完善之处，是不能回避的危险”①，并且对此表示“无法接受，必须予以改进”②。其中，在知识产权条款中特别设置了特定缔约方过渡期，允许柬埔寨、老挝、缅甸、马来西亚、泰国和越南等国就不同协定细则享有 5 年至 10 年不等的过渡期。③ 此举间接延长了 RCEP 的生效时间，减弱了 RCEP 在知识产权方面对这些国家的约束力。在经济技术合作章节中规定：“缔约方应当考虑东盟成员国中最不发达国家所面临的特定限制，提供适当的能力建设和技术协助，以帮助其履行义务以及从协定中获益。”④ 此举虽然有利于被援助国家，但对日本等发达国家而言意味着需投入更多的成本。在电子商务⑤章节中规定了禁止数据本地化条款，这一内容备受日本各界赞扬，但是日本在分析这一条款的内容后认为此条款毫无意义，因为 RCEP 只是对数据本地化略有涉及，并未提及如何约束让规则得到实施。⑥ 不仅如此，日本企业界人士对条款内容也存在不满，其所关注的海外投资的争端解决问题虽然被单独列出，但是没有进行明确且充分的规定。日本学者滨中慎太郎（Hamanaka Shintaro）分析指出，日本公司开展海外业务时最担忧的 ISDS 条款⑦的相关内容在协定第十九章的争端解决条款中体现得并不充分，

---

① 産経新聞，「（社説検証）RCEP 署名 各紙とも自由化へ一定評価」，2020 年 11 月 15 日，https：//www. sankei. com/column/news/201125/clm2011250007-n1. html，登录时间：2020 年 12 月 15 日。

② 浜中慎太郎，「RCEP 署名は何を意味するか：地経学的見方」，『スクエア—世界を見る眼』，日本貿易振興機構アジア経済研究所，2020 年 11 月，第 1—7 页。

③ 《区域全面经济伙伴关系协定》，第十一章知识产权，附件一特定缔约方过渡期，中华人民共和国商务部网站，http：//fta. mofcom. gov. cn/rcep/rceppdf/d15z_ cn. pdf，登录时间：2021 年 1 月 5 日。

④ 《区域全面经济伙伴关系协定》，第十五章经济技术合作，第六条东盟成员国中最不发达国家缔约方，中华人民共和国商务部网站，http：//fta. mofcom. gov. cn/rcep/rceppdf/d15z_ cn. pdf，登录时间：2021 年 1 月 5 日。

⑤ 《区域全面经济伙伴关系协定》，第十二章电子商务，第十七条争端解决，中华人民共和国商务部网站，http：//fta. mofcom. gov. cn/rcep/rceppdf/d12z_ cn. pdf，登录时间：2021 年 1 月 5 日。

⑥ 浜中慎太郎，「RCEP 署名は何を意味するか：地経学的見方」，『スクエア—世界を見る眼』，日本貿易振興機構アジア経済研究所，2020 年 11 月，第 1—7 页。

⑦ ISDS 条款是指由于东道国政府的政策变化而无法预期公司在国外进行的投资所收获的效果，是为解决东道国政府与公司之间争端所建立的一种国际机制。

建议日本政府在谈判时应该考虑到这一点。由此可见，在涉及具体条款和新兴领域上，日本各界仍然对 RCEP 存在诸多质疑。

（三）日本对 RCEP 运行的策略分析

日本《产经新闻》在总结了国内主流媒体对 RCEP 的有关评论后呼吁政府："要想活跃贸易和投资，就应该制定先进的经贸规则，逐步提高 RCEP 的水平。日本应该致力于主导提高 RCEP 的实效性，巩固自由贸易体制，这关乎日本的国家利益。"① 日本外务大臣茂木敏充也直白地表露日本在经贸合作领域的目标是"主导经贸规则的制定"②。

对于没有达到日本经济预期的方面，结合日本已经明确提出的经济政策和目标，在 RCEP 生效后的运行过程中，日本势必会提出政策措施和修改方案。首先，亚太国家间货物贸易的关税削减是日本签署 RCEP 的动因之一，因此日本将严格督促各缔约国在规定期限内实施关税减让安排，同时致力于提高关税削减率、增加零关税或低关税的商品种类以及缩短关税削减条款的生效时间。其次，日本认为，RCEP 条款在新兴经贸领域规定得并不明确，不少缔约国又是首次签署区域性自由贸易协定，RCEP 在实际实施过程中可能会暴露出条款漏洞或引发贸易争端，日本希望在其中担当调解者的角色并且随时准备对 RCEP 条款予以修订或修正。再次，尽管日本国内存在质疑声音，日本仍然会尊重各缔约国的差异性，给予最不发达国家充分的帮助，在 RCEP 平稳运行后，日本将主导提高协定的开放水平，不仅涵盖降低关税或非关税壁垒，也致力于扩大参与 RCEP 的国家范围，这其中就包括谈判中途退出的印度。③ 日本希望"以 RCEP 为经济增长的跳板"，逐步实现"在亚太地区扩大自由且公正的贸易圈范围"这一

---

① 産経新聞，「（社説検証）RCEP 署名 各紙とも自由化へ一定評価」，2020 年 11 月 15 日，https：//www. sankei. com/column/news/201125/clm2011250007-n1. html，登录时间：2020 年 12 月 15 日。

② 共同通信，「中韓参加の枠組み歓迎、茂木外相 RCEP 署名を評価」，2020 年 11 月 15 日，https：//www. 47news. jp/news/5496185. html，登录时间：2020 年 12 月 4 日。

③ 日経新聞，「（社説）RCEPを日本主導で大きく育てたい」，2020 年 11 月 15 日，https：//www. nikkei. com/article/DGXMZO66250760V11C20A1SHF000？ unlock = 1，登录时间：2020 年 12 月 15 日。

目标。①

三 RCEP 框架下的亚太区域经济关系及日本认知

RCEP 无疑对日本经济有着举足轻重的影响。亚太区域内经济合作与国家间政治博弈并存，日本既将 RCEP 视为经济政策，也认为 RCEP 关乎政治问题。② 作为美国在亚太地区的坚实盟友，日本却积极推动 RCEP 加速谈判，不仅没有邀请美国参加这一亚太区域经济合作，而且此举与美国所奉行的贸易保护主义相背离。日本国内对美国主导下的世界秩序产生怀疑情绪："RCEP 的诞生加速了二战后美国主导建立的全球国际秩序和经济秩序的坍塌，也加速了大国权力变化和新的世界秩序的形成，与此相伴随的是国际体制的衰退。"③

在世界经济秩序的变革时期，基于 RCEP 框架的亚太区域经济合作，日本与中国、与东盟以及与美国的政治和经济关系呈现出复杂的"多面性"。日本通过拉紧与亚太国家经济合作的纽带，试图将中国和东盟等国家纳入西方国家构建的国际新经贸机制中来，对中国采取"制度制衡"、对东盟等其他参与国采取"拉拢合作"、对美国采取"中间平衡"的策略，既兼顾亚太经济体的综合实力和影响力，也考虑到区域经贸合作机制的有效性和稳定性。

（一）RCEP 框架下的中日关系

在探讨 RCEP 框架下的亚太区域经济关系时，日本学界普遍关注中国。论及与中国的经济关系，消极与积极的评价同时存在且各自为政。消极的观点认为，中国对日本在亚太产业链上的优势地位构成冲击，日本必须通

① 时事通信社，「RCEP、91% 関税撤廃 世界最大の自由貿易圏に—中韓と初の協定・15カ国署名」，2020 年 11 月 15 日，https：//www.jiji.com/sp/article？k = 2020111500129&g = pol，登录时间：2020 年 12 月 4 日。

② 浜中慎太郎，「RCEP 署名は何を意味するか：地経学的見方」，『スクエア—世界を見る眼』，日本貿易振興機構アジア経済研究所，2020 年 11 月，第 1—7 页。

③ グレン・カール，「中国覇権の一助になってもRCEP 参加がアジア諸国にとって賢明な訳」，Newsweek，2020 年 11 月 25 日，https：//www.newsweekjapan.jp/glenn/2020/11/rcep_2.php，登录时间：2020 年 12 月 30 日。

过 RCEP 深化与其他亚太国家的关系，提升和巩固自身的优势地位，以此平衡中国的影响力。日本主流媒体甚至大肆宣扬所谓的“中国影响力增加”和“中国主导了 RCEP”等言论。[①] 积极的观点则认为，中国是日本重要的经济伙伴，日本视 RCEP 为良机，非常重视今后与周边国家尤其是与中国的经济关系。[②] 日本瑞穗综合研究所（Mizuho Information and Research Institute）研究员菅原淳一（Sugawara Junichi）积极地评价称：“日本和中国能够进入同一水平的规则框架，有助于稳定日中经济关系，提高日中经贸的可预见性。”[③]

日本认为，RCEP 框架下获益最多的国家是中国。在新冠肺炎疫情危机对经济发展形成冲击的情况下，各国都亟须恢复经济，而中国能够更快地吸引更多因疫情影响而经济低迷的国家与其开展广泛的经济合作，这无疑会提升中国的经济影响力。[④] 经济领域影响力的提升在一定程度上会辐射到政治领域，“中国与邻国的经贸结构整合程度提高，中国在政治外交方面也将更具影响力，今后各国很难再降低对中国的依存度”[⑤]。因此，日本担忧 RCEP 沦为“工具”，认为中国会利用 RCEP 增强对亚太国家的“控制”，以此作为与美国对抗的筹码。日本《时事通信社》（Jiji Press Ltd.）评论称：“美中矛盾围绕着全球政治变革有长期化的可能性，而中国为了应对中美冲突，在美国与多边贸易保持距离的契机下，以 RCEP 为突破点打破美国构建的‘对中包围网’；中国以世界第二位的经济实力为依托，试图掌握区域主导权，扩大经济势力范围，构筑以中国为中心的供

① 読売新聞，「APEC 首脳会議、自由貿易の重要性確認へ…トランプ氏も3 年ぶりに参加」，2020 年 11 月 20 日，https：//www. yomiuri. co. jp/economy/20201120-OYT1T50251/，登录时间：2020 年 12 月 2 日。

② 山中俊之，「企業はバイデン・RCEP 時代をどう勝ち抜くべきか」，JB Press，2020 年 11 月 24 日，https：//jbpress. ismedia. jp/articles/ –/62975，登录时间：2020 年 12 月 4 日。

③ 共同通信，「RCEP、15カ国が合意と署名」，2020 年 11 月 16 日，https：//this. kiji. is/700752874893952097？ c =39546741839462401，登录时间：2020 年 12 月 4 日。

④ 遠藤誉，「RCEP 締結に習近平高笑い——トランプ政権の遺産」，中国問題グローバル研究所，2020 年 11 月 20 日，https：//grici. or. jp/1726，登录时间：2020 年 12 月 15 日。

⑤ 森浩，「ASEAN 困惑 米中主導権争い」，産経新聞，2020 年 11 月 30 日，https：//www. sankei. com/column/news/201130/clm2011300004-n1. html，登录时间：2020 年 12 月 15 日；三塚聖平，「習近平氏、開放的姿勢アピールで対米牽制 APEC 首脳会議」，産経新聞，2020 年 11 月 20 日，https：//www. sankei. com/world/news/201120/wor2011200034-n1. html，登录时间：2020 年 12 月 15 日。

应链，与美国展开竞争。”① 以此为分析逻辑，日本习惯性地与美国站在同一阵营，将中国视为假想对手，表现出对中国影响力提升的危机感②，并且陷入“RCEP 将被中国主导”的威胁论之中。③ 日本国际贸易投资研究所（Institute for International Trade and Investment）资深研究员高桥俊树（Takahashi Toshiki）建议日本政府“以 RCEP 为切入点，中国的发言权将增强，所以日本有必要通过扩大自由贸易与中国竞争”④。

与此相对应的是，中国对于 RCEP 的认知并不着重于“评选”最大的获益者，而是坚持以东盟为中心的立场，关注如何与其他参与国构建互利共赢的经济合作关系。李克强总理强调：“在 RCEP 谈判过程中，东盟国家发挥了重要引领作用，功不可没。中方将继续坚定支持东盟发挥中心作用，推进落实 RCEP 后续工作。”⑤ RCEP 并不是其中哪个国家主导的，也没有最大的获益者，每个参与国都是获益者。RCEP 所建成的巨型自贸区也会产生正面效应，带来可观的经济利益和广泛的机遇，为整个亚太区域经济合作注入活力。当前中日经贸交往日益密切，互为重要的合作伙伴，日本完全脱离中国展开经贸活动已经没有可能。对此日本分析人士也清楚地认识到：“现阶段在经济上孤立中国已经不太可能，考虑到本国的经济安全，日本要以更高层次的经济合作为目标。”⑥

在考虑经济上的绝对收益时，日本最重视能够与最大的贸易伙伴国——中国签署协定，两国由此进入统一的规则框架，双方在经贸合作领

① 时事通信社，「主導権確保で米国に対抗へ 中国勢力の拡大に追い風— RCEP」，2020 年 11 月 15 日，https：//www.jiji.com/jc/article? k = 2020111500303&g = int，登录时间：2020 年 12 月 4 日。

② 読売新聞，「RCEP 署名 自由貿易を発展させる土台に」，2020 年 11 月 16 日，https：//www.yomiuri.co.jp/editorial/20201116-OYT1T50219/，登录时间：2020 年 12 月 2 日。

③ 中央日报，「日本恩恵は多いが…世界最大 FTAめぐる各国の内心」，2020 年 11 月 29 日，https：//news.yahoo.co.jp/articles/5da6f63e3eceef85807c486a923a88360242cf0c，登录时间：2020 年 12 月 30 日。

④ 时事通信社，「RCEP、中国の影響増大 大国インド不参加、復帰見えず」，2020 年 11 月 16 日，https：//www.jiji.com/jc/article? k = 2020111500232&g = pol，登录时间：2020 年 12 月 4 日。

⑤ 《李克强出席第四次区域全面经济伙伴关系协定领导人会议》，人民网，2020 年 11 月 16 日，http：//politics.people.com.cn/n1/2020/1116/c1024 - 31931585.html，登录时间：2021 年 1 月 20 日。

⑥ DIAMOND，「中国と韓国かRCEPに込めた真の狙い、日本はとう振る舞うへきか」，2020 年 11 月 24 日，https：//news.yahoo.co.jp/articles/6a44f8fe38d2103316216856fe4d8fc6c1cd9cde，登录时间：2020 年 12 月 21 日。

域都具有突破性的进展。在考虑相对收益时，日本则将中国视为 RCEP 中最大的威胁，对中国保持警惕[①]，并且期望在 RCEP 框架内改变中国的一些行为。[②] 在两国经贸联系日益加强的情况下，日本倾向于采取“制度制衡”的策略，试图“规范”中国在地区的角色和行为，“严格监督中国履行协定的情况”[③]。同时，日本已经着手开展与西方发达国家共同主导制定新的经贸规则，尤其在一些新兴经贸领域和利益攸关的内容上是不会采取妥协态度的，反而会更加与中国针锋相对，争取主动权，借此在中日经贸合作中掌握规则优势。[④] 此外，日本特别关注中国政府是否会“过度”干预外国企业投资的问题。《读卖新闻》（Yomiuri Shinbun）对此报道称：在 RCEP 谈判时，日本等相关缔约国强烈要求加入“保护企业的行为自由、阻止政府过度介入”的条款，此举被认为是与中国谈判时首要且必要的规则。[⑤] 最终，在协定文本第十章投资[⑥]中规定，禁止缔约国要求入驻该国的外国企业强制转移技术。

（二）RCEP 框架下日本与其他经济体的关系

亚太区域内合作如果简单地囿于相对收益得失，就会陷入狭隘的恶性竞争中。中日在经贸规则和经济外交战略等领域的竞争与合作已成为既定事实，日本的政策倾向是将重心转向亚太地区，以 RCEP 为立足点，深化

① 浜中慎太郎，「RCEP 署名は何を意味するか：地経学的見方」，『スクエア—世界を見る眼』，日本貿易振興機構アジア経済研究所，2020 年 11 月，第 1—7 页；Newsweek，「日中韓など15カ国がRCEP 署名 世界経済 3 割をカバーする最大の自由貿易圏が誕生」，2020 年 11 月 16 日，https：//www. newsweekjapan. jp/stories/business/2020/11/15rcep3. php，登录时间：2020 年 12 月 30 日。

② 朝日新聞，「中国、米牽制狙うRCEP」，2020 年 11 月 16 日，https：//digital. asahi. com/articles/DA3S14696226. html? pn =4，登录时间：2020 年 12 月 2 日。

③ 産経新聞，「（主張）RCEP 署名 対中依存が強まりかねぬ」，2020 年 11 月 28 日，https：//www. sankei. com/economy/news/201116/ecn2011160004-n1. html，登录时间：2020 年 12 月 15 日。

④ 読売新聞，「RCEP 署名 自由貿易を発展させる土台に」，2020 年 11 月 16 日，https：//www. yomiuri. co. jp/editorial/20201116-OYT1T50219/，登录时间：2020 年 12 月 2 日。

⑤ 読売新聞，「RCEP 署名 自由貿易を発展させる土台に」，2020 年 11 月 16 日，https：//www. yomiuri. co. jp/editorial/20201116-OYT1T50219/，登录时间：2020 年 12 月 2 日。

⑥《区域全面经济伙伴关系协定》，第十章投资，第六条禁止业绩要求，中华人民共和国商务部网站，http：//fta. mofcom. gov. cn/rcep/rceppdf/d10z_ cn. pdf，登录时间：2021 年 1 月 5 日。

与东盟、韩国、澳大利亚、新西兰和印度等国家的经贸关系，采取“拉拢合作”的策略，推进与亚太国家的经济外交。[①]

RCEP 框架充分肯定了东盟的主体性和整体性，预计生效后将会给东盟带来更多的经贸机遇，能够充分发挥其人口红利、市场开放等优势。但是此前，东盟一直缺少一个进入国际自由贸易框架的平台，面临着成员国间发展差距悬殊所导致的整体发展困境，其内部的发达国家积极参与国际经贸活动，而发展中国家则处于产业链的下游，难以真正通过自由贸易获益，因此存在相对收益的分配矛盾。能否平衡这一矛盾是 RCEP 框架能否取得东盟通过的关键。自日本的 FTA 战略处于起步阶段开始，日本就优先选择与东盟国家展开经济合作。近年来，东盟已经成长为经济增长和政治稳定并存的经济体。[②] 在亚太区域经济一体化的发展中，日本逐渐认可东盟发挥着“推动器”和“缓冲剂”的作用，肯定东盟作为 RCEP 的发起方积极推动谈判，也在谈判中为深化与东盟的关系做出了实际努力。与 CPTPP 造成的东盟分裂局面不同，日本选择在 RCEP 中尊重东盟存在的差异性，强调东盟作为一个整体的核心地位。[③] RCEP 是结合中国提出的“东亚自由贸易协定”（East Asia Free Trade Agreement，EAFTA）框架[④]和日本提出的“东亚全面经济伙伴关系”（Comprehensive Economic Partnership for East Asia，CEPEA）[⑤] 框架发展而来的，日本提议将东盟作为一个整体纳入合作框架中，这本身就是对东盟战略价值的肯定。在解决 RCEP 谈判中的差距悬殊问题时，日本尤其尊重东盟内部的发展中国家，秉持《日本的

---

① 真壁昭夫，「韓国を苦境に追い込むバイデン新政権が、日本経済には追い風になる理由」，DIAMOND，2020 年 11 月 25 日、https://diamond.jp/articles/-/255805，登录时间：2020 年 12 月 21 日。

② 朝日新聞，「RCEPに求められる進化 自由貿易への反発も直視して」，2020 年 11 月 16 日，https://www.asahi.com/articles/ASNCH7SCGNCHULZU002.html?iref=pc_ss_date，登录时间：2020 年 12 月 2 日。

③ 贺平：《从 CEPEA 到 RCEP：日本对亚太区域经济合作的战略转向》，《日本学刊》2013 年第 2 期，第 73 页。

④ EAFTA，即 East Asia Free Trade Agreement，是 2002 年中国提出的区域自由贸易协定构想，设定初始成员国为东盟、中国、日本和韩国。

⑤ CEPEA，即 Comprehensive Economic Partnership for East Asia，是 2006 年日本提出的区域自由贸易协定构想，设定初始成员国为东盟、中国、日本、韩国、澳大利亚、新西兰和印度。

FTA 战略》报告所载明的“全面性、灵活性、选择性”① 理念，实施“灵活性”的方针，提出制定与其 FTA 高水平发展目标并不相符的“差别待遇”条款，这对于发展中国家能够顺利签署 RCEP 具有重要的意义。② 这一举措虽在日本国内招致反对，但却使得 RCEP 最终得以成文并且已经完成了日本国内的核准程序。神奈川大学（Kanagawa University）大庭三枝（Oba Mie）教授这样评价东盟的地位：“RCEP 是以东盟为中心的自由贸易协定，如果东盟不成为联结点，这一框架就无法实现。”③

韩国是日本在东北亚除中国之外最重要的贸易伙伴，但是日本与韩国在贸易结构中存在竞合关系。一方面，韩国出于经济目的而提高了对中国的依存度。韩国总统文在寅（Moon Jea-in）期望通过 RCEP 为其国内中小企业提供更多的出口机会。然而，日韩在汽车零部件等工业产品领域竞争激烈，双方暂时搁置了汽车和机械领域的关税削减条款。另一方面，预计在 RCEP 生效后，韩国与日本的经贸关系将变得更加紧密，双方能够进行经济优势互补。例如韩国从日本进口高纯度材料变得更加容易，日本也希望推动韩国加入 CPTPP。④

澳大利亚、新西兰与日本同为 CPTPP 的成员国，已经进入同一发展水平的自由贸易协定框架里。澳新两国同样是因为看重东亚国家的发展潜力而选择加入 RCEP 的，澳大利亚总理莫里森（Scott Morrison）在与日本首相菅义伟的会谈中表达了澳方期望通过 RCEP 扩大东盟市场的意愿。同时，两国元首还在会谈中确认澳大利亚与日本互为特别战略伙伴，计划在 RCEP 框架下合作对中国展开“威慑外交”⑤。对此，日本法政大学（Hosei

---

① 日本外務省网站，『日本のFTA 戦略』、平成 14 年 10 月、https：//www. mofa. go. jp/mofaj/gaiko/fta/policy. html，登录时间：2020 年 6 月 11 日。原文：包括性、柔软性、选择性。

② 日本外務省网站，『Guiding Principles and Objectives for Negotiating the Regional Comprehensive Economic Partnership』，2012 年 11 月 20 日，https：//www. mofa. go. jp/mofaj/press/release/24/11/pdfs/20121120_ 03_ 03. pdf，登录时间：2021 年 5 月 16 日。

③ 大庭三枝，「RCEP、地域連携の意義は専門家に聞く」，朝日新聞，2020 年 11 月 17 日，https：//digital. asahi. com/articles/DA3S14697742. html，登录时间：2020 年 12 月 2 日。

④ 真壁昭夫，「韓国を苦境に追い込むバイデン新政権が、日本経済には追い風になる理由」，DIAMOND，2020 年 11 月 25 日，https：//diamond. jp/articles/ - /255805，登录时间：2020 年 12 月 21 日。

⑤ 时事通信社，「日米と多国間協調推進 背景に中国の威圧外交—日豪首脳会談」，2020 年 11 月 17 日，https：//www. jiji. com/jc/article？ k = 2020111700700&g = int，登录时间：2020 年 12 月 4 日。

University）教授真壁昭夫（Makabe Akio）评论中澳关系说：中国是澳大利亚第一大出口目标国和进口来源国，澳经济稳定离不开对华关系稳定。但是由于澳大利亚国内仍有许多人鼓吹所谓的“中国威胁论”①，在这一观念的共同影响下，日澳希望通过“联手”降低中国在 RCEP 中的影响力。

印度是 RCEP 的初始谈判国之一，然而，2019 年 11 月 4 日印度莫迪政府在第三次 RCEP 领导人会议上宣布退出谈判，最终除印度之外的 15 个国家完成了协定签署。印度退出谈判的原因较为复杂。已有的分析指出，印度难以通过 RCEP 获得满意的经济收益，是导致其退出谈判的直接原因。同时印度也期望在 RCEP 中占据主导地位，然而，其目前的实力并不足以支撑其领导区域内其他经济大国，因此最终选择退出谈判。② 尽管如此，日本对印度仍然保持极大的耐心和宽容，坚持拉拢印度。在印度宣布退出时，日本就因此而暂缓谈判进程。目前印度的退出已成定局，日本还为印度的后续加入提供便利和余地，以此取得印度的好感和信任。时任日本首相菅义伟在 RCEP 签署后发表讲话时仍然表达出对印度的重视：“日本政府将坚定地支持印度未来重返该协定，而且鼓励其他国家支持印度。”③ 日本多位产经部门官员甚至公开宣称，“如果印度不签署，日本也不会签署”④，以此表明日本的坚定态度，最后 RCEP 关于后续成员的准入机制条款不得不单独将印度列出，给予特别规定：自生效之日起，就对作为原始谈判国的印度开放，它可以随时加入，而其他国家必须在 18 个月后才能够申请加入。⑤ 换言之，只要印度“回心转意”，就随时可以重新加入 RCEP。日本对外贸易理事会（Japan Foreign Trade Council）主席小林健（Kobayashi

① 真壁昭夫，「韓国を苦境に追い込むバイデン新政権が、日本経済には追い風になる理由」，DIAMOND，2020 年 11 月 25 日，https：//diamond. jp/articles/ – /255805，登录时间：2020 年 12 月 21 日。

② 蒋芳菲：《认知变化与印度对 RCEP 的政策演变》，《南亚研究》2020 年第 4 期，第 19—49 页。

③ “ASEAN，China，Other Partners Set World’s Biggest Trade Pact RCEP，” The Mainichi，November 16，2020，https：//mainichi. jp/english/articles/20201115/p2g/00m/0bu/031000c，登录时间：2020 年 12 月 7 日。

④ ブルームバーグ，「RCEP、インドなしは全く考えていない – 牧原経産副大臣」，2019 年 11 月 29 日，https：//www. bloomberg. co. jp/news/articles/2019 – 11 – 29/Q1PDKFDWLU6J01，登录时间：2019 年 12 月 15 日。

⑤《区域全面经济伙伴关系协定》，第二十章最终条款，第九条加入，中华人民共和国商务部网站，http：//fta. mofcom. gov. cn/rcep/rcep_ new. shtml，登录时间：2021 年 1 月 5 日。

Ken）称：“我们希望 RCEP 成员鼓励印度重返该协定，这将有助于完善整个区域的供应链。”[①]

对于 RCEP 框架下的其他经济体，日本总体上采取“拉拢合作”的策略，但在具体实施上区别对待不同的国家。澳大利亚、新西兰和东盟中已经加入 CPTPP 的新加坡等国是日本经济上的盟友，在未来 RCEP 的发展中，将共同致力于修订更高水平的规则。而东盟内部的欠发达国家则享受其他缔约方给予的支援和差别待遇，日本将 RCEP 视为助力欠发达国家通往 CPTPP 的桥梁，暂时采取“灵活性”的措施，使欠发达国家能够参与区域经济合作，逐渐适应当前由发达国家主导的经贸机制。[②] 对于暂时退出的印度，日本已经为其提出务实的解决方案，承诺在科技和农业等薄弱领域对印度提供帮助。[③] 日本此举并不仅仅是深化与印度的经济合作关系，也是希望“推动印度加入 RCEP 与中国形成抗衡”[④]。日本原本对印度就抱有较高的期待，如今“印度退出导致中国的影响力扩大”[⑤]，日本被迫改变战略，转而与东盟强化关系。[⑥] 在 RCEP 框架内日本并不愿意其他经济体产生对中国的依赖，因此主动深化与东盟和澳大利亚等国的经济关系，与中国保持平衡。[⑦]

---

① “Japan Businesses Expect RCEP Deal to Boost Asia Trade, Investment,” The Mainichi, November 16, 2020, https://mainichi.jp/english/articles/20201115/p2g/00m/0bu/094000c，登录时间：2020 年 12 月 7 日。

② 浦田秀次郎,「日本も中国も参加のRCEPとは」，朝日新聞，早稲田大学大学院アジア太平洋研究科，2019 年 11 月 20 日，https://www.asahi.com/sp/articles/ASMCF0540MCCUHBI007.html，登录时间：2020 年 12 月 2 日。

③ NHKニュース,「梶山経産相、インド商工相と会談 RCEP 交渉継続を確認」，2019 年 12 月 11 日，https://www3.nhk.or.jp/news/html/20191211/k10012210231000.html，登录时间：2020 年 12 月 21 日。

④ 産経新聞,「（主張）RCEP 署名 対中依存が強まりかねぬ」，2020 年 11 月 28 日，https://www.sankei.com/economy/news/201116/ecn2011160004-n1.html，登录时间：2020 年 12 月 15 日。

⑤ 産経新聞,「RCEP 署名 インド復帰にらみ始動する巨大経済圏 TPPとの重複解消カギ」，2020 年 11 月 15 日，https://www.sankei.com/economy/news/201115/ecn2011150011-n1.html，登录时间：2020 年 12 月 15 日。

⑥ 日経新聞,「RCEP、15カ国首脳が署名へ アジア貿易の転換点に」，2020 年 11 月 15 日，https://www.nikkei.com/article/DGXMZO66249450V11C20A1I00000，登录时间：2020 年 12 月 15 日。

⑦ 朝日新聞,「RCEPに求められる進化 自由貿易への反発も直視して」，2020 年 11 月 16 日，https://www.asahi.com/articles/ASNCH7SCGNCHULZU002.html? iref = pc_ ss_ date，登录时间：2020 年 12 月 2 日。

（三）日本对美国的认知与策略研究

RCEP 对亚太区域的经贸格局调整具有重要意义，美国原本是亚太区域经济合作框架——《跨太平洋伙伴关系协定》（Trans-PacificPartnership Agreement，TPP）的领导者，如今却成为全球自由贸易的批判者。基于全球经贸格局的变化，日本逐渐形成对美国的复杂性认知，倾向于采取“中间平衡”策略，既强调日美同盟关系，敦促美国重返亚太区域自由贸易框架①，又不断强化自主行为能力，与东亚国家深化经贸合作关系，扩大战略空间，平衡对美国的依赖。

一方面，美国是日本在亚太地区的关键盟友，日本期望强化日美同盟关系，依靠美国的实力制定经贸规则，增添更多“西方色彩”，增强主导权，在全球经贸秩序的变革中占据领导者地位。然而目前拜登政府忙于应对疫情危机，难以说服美国保守势力②，暂时不会重返 CPTPP 或加入 RCEP。而中国的积极参与能够对美国形成威慑力。③ 尤其当中国宣布考虑加入 CPTPP 时，日本向美国发出警告：“中国已经先发制人，拜登亟须启动包括 CPTPP 在内的经贸战略”④，而日本的政策意图是通过 RCEP“促使美国将视线转向自由贸易和亚太地区”⑤。强化日美同盟关系，将美国拉回

① 朝日新聞，「中国外相来日 懸案めぐる対話深化を」，2020 年 11 月 27 日，https：//www. asahi. com/articles/DA3S14710282. html? iref = pc_ ss_ date，登录时间：2020 年 12 月 2 日。

② 朝日新聞，「中国のTPP 参加のハードルを上げよ！ ~米国の政治空白を突いた習近平」，2020 年 11 月 21 日，https：//webronza. asahi. com/business/articles/2020112100002. html? iref = pc_ ss_ date，登录时间：2020 年 12 月 2 日。

③ DIAMOND，「中国と韓国かRCEPに込めた真の狙い、日本はとう振る舞うへきか」，2020 年 11 月 24 日，https：//news. yahoo. co. jp/articles/6a44f8fe38d2103316216856fe4d8fc6c1cd9cde，登录时间：2020 年 12 月 21 日；“ASEAN，China，Other Partners Set World's Biggest Trade Pact RCEP，” The Mainichi，November 15，2020，https：//mainichi. jp/english/articles/20201115/p2g/00m/0bu/031000c，登录时间：2020 年 12 月 7 日；朝日新聞，「RCEP、地域連携の意義は専門家に聞く」，2020 年 11 月 17 日，https：//digital. asahi. com/articles/DA3S14697742. html，登录时间：2020 年 12 月 2 日。

④ 时事通信社，「米国第一に転機　期待かかるバイデン氏—各国首脳が注視」，2020 年 11 月 23 日，https：//www. jiji. com/jc/article? k = 2020112300407&g = int，登录时间：2020 年 12 月 4 日。

⑤ 産経新聞，「ルールで中国を縛るインド抜きでもRCEP 参加の狙い」，2020 年 11 月 18 日，https：//www. sankei. com/economy/news/201118/ecn2011180021-n1. html，登录时间：2020 年 12 月 15 日。

国际互助秩序和多边框架中，共同致力于制定国际规则，这是今后日本和美国在亚太地区的战略相交点和利益竞合点。[①] 日本中国问题研究所（Global Research Institute on China Issues）所长远藤誉（Endo Homae）在分析美日两国与 RCEP 的关系时指出："日本作为美国最大的伙伴国而加入 RCEP，是在亚洲代替美国的存在，否则 RCEP 将毫无意义。"[②] 这种观点或许解释了日本加入 RCEP 的原因之一，但是日本更希望通过这种"代替美国"的说辞缓解此次没有跟随美国步伐的焦虑心态。

另一方面，目前的国际局势使日本逐渐强化"美国主导的霸权体系正在向美中势力均衡型国际秩序变革"[③] 的认知。美国继续奉行单边主义的外交政策导致日本对同盟的可靠性存疑，愈演愈烈的贸易摩擦也波及日本，给其造成直接或间接的经济损失。因此，日本增强战略自主意识，加强自主力量建设，通过积极与中国和东盟等东亚国家深化经贸合作关系，提升经济影响力，重振国内经济发展，平衡对美国的依赖。日本国内不乏反对美国"插手"CPTPP 和 RCEP 的声音。日本和东盟部分国家为了避免美中竞争所带来的负面影响，将 CPTPP 视为中立的自由贸易"堡垒"。反对美国重返 CPTPP 的学者假设，如果 CPTPP 变成美国的势力范围，那么同时加入 CPTPP 和 RCEP 的国家就有可能与中国产生紧张关系。[④] 再进一步假设，如果形成以中国为中心的 RCEP 和以美国为中心的 CPTPP 的对立局面，美中两国就有可能发生激烈的纷争从而导致安全上对立的加剧，那么区域经济环境也将变得动荡，日本必须遏制这种情况的发生。[⑤] 当前，亚太区域的经济关系已经难以割裂，只有地区环境和平与稳定，各国才能实现互利共赢。

---

① 朝日新聞，「（社说）RCEP 合意 国際協調の呼び水に」，2020 年 11 月 17 日，https：//www. asahi. com/articles/DA3S14697758. html? iref = pc_ ss_ date，登录时间：2020 年 12 月 2 日。

② 遠藤誉，「RCEP 締結に習近平高笑い——トランプ政権の遺産」，中国問題グローバル研究所，2020 年 11 月 20 日，https：//grici. or. jp/1726，登录时间：2020 年 12 月 15 日。

③ 西村佳秀，「国際政治の構造変容と北東アジアの安全保障」，『政策オピニオン』，平和政策研究所，2020 年 1 月 20 日，第 142 期，第 1—3 页。

④ 铃木明彦，「日本がTPPに米国も中国も入れてはいけない理由」，DIAMOND，2020 年 11 月 30 日，https：//diamond. jp/articles/ – /255626，登录时间：2020 年 12 月 21 日。

⑤ 木内登英，「米中対立の火種燻るRCEPに日本があえて参加した2つのメリット」，DIAMOND，2020 年 11 月 25 日，https：//diamond. jp/articles/ – /255293，登录时间：2020 年 12 月 21 日。

处于美中竞争中的日本面临着艰难处境，并不愿意简单地在大国博弈中“选边站队”[①]，而是采取“中间平衡”策略，追求本国利益的最大化。日本仍然对深化日美经济关系给予足够的重视，不会因为签署RCEP就过分亲近中国，最佳的状态是保持与美国和中国的适当均衡。[②] 此前，日本提出的印太构想因美国退出TPP而有所“缺失”。为了弥补这一“缺失”给日本经贸领域所造成的“创伤”，日本和美国签署了货物贸易协定和日美数字贸易协定，协定已于2020年1月1日正式生效。这是两国经贸博弈的阶段性产物，总体上符合双方各自的政治需求。日本得以规避经济上的“最坏结果”，特别是美国对日本汽车产业收取的惩罚性关税，但未能争取到之前美国在原TPP中承诺的全面减免日本出口工业品关税的待遇。[③] 虽然自由化的内容和水平有限，但是以日美货物贸易协定和数字贸易协定为依托，日本能够保持与美国的自由贸易联结，在应对美国压力的同时，为共同制定高标准的国际规则留下了合作的空间。在面对大国冲突时，日本对自身的作用作出夸大分析，认为其能够担当起斡旋者的角色，成为抑制美中矛盾的关键，此举不仅有利于贸易立国的日本，而且有利于世界经济的稳定。更有日本学者过分自信地认为“在世界上能起到这种作用的只有日本”[④]。

四　结语

现阶段，日本在推进构建区域经济一体化时采取“双轨制”，即兼顾CPTPP和RCEP，发挥两个区域自由贸易协定的不同效用。CPTPP作为相对高水平的区域经济合作框架，日本将其视为与发达国家进行经贸联系的平台；而RCEP则是日本开拓与发展中国家经贸关系的纽带。当前日本已

① 时事通信社，「アジア盟主めぐり米中攻防 習主席、TPP検討と対米けん制－APEC」，2020年11月23日，https：//www.jiji.com/jc/article？k＝2020112100357&g＝int，登录时间：2020年12月4日。

② 山中俊之，「企業はバイデン・RCEP時代をどう勝ち抜くべきか」，JB Press，2020年11月24日，https：//jbpress.ismedia.jp/articles/－/62975，登录时间：2020年12月4日。

③ 卢昊：《国际变局下的日美关系及日本的应对》，《东北亚学刊》2020年第5期，第63页。

④ 木内登英，「米中対立の火種燻るRCEPに日本があえて参加した2つのメリット」，DIAMOND，2020年11月25日，https：//diamond.jp/articles/－/255293，登录时间：2020年12月21日。

经分别与世界上主要发达经济体美、欧之间缔结了自由贸易协定，通过RCEP与亚太区域内的发展中国家开展经贸合作，日本就具有了独特的优势地位，成为世界上主要发达经济体和发展中经济体之间重要的联结点。日本的贸易战略已经覆盖了世界上几乎所有重要地区。随着自由化的扩大，亚太地区的经贸规则将得到进一步整合。在RCEP框架下，日本能够有效地调整和完善国内产业结构，助推经济复兴，凭借自身经济实力开拓以日本为中心的亚太地区生产网络，通过降低贸易和投资壁垒，扩展具有潜力的亚太市场。下一步，日本希望采取经济策略，在区域FTA发展中争取主动权，参与制定新的全球经贸规则，以此提升经济实力和影响力，获得全球经济和政治的中心地位，维持自由贸易体制。[①]

随着世界主要大国实力对比发生变化，国际权力产生了重新分配和调整，中日两国不可避免地在保持密切合作的同时进行着制度竞争。日本采取谨慎的方式，一方面规范中国的行为，监督其履行协定的情况；另一方面扩展与其他亚太国家的经贸合作关系，形成对华优势。随着中美矛盾的再升级，日本是其中的利益攸关者，既希望分享中国的经济红利，寻求战略自主性，又与美国继续深化经济联系，拉拢美国重返亚太区域经济合作框架。现阶段，日本对不同经济体无论是实施“制度制衡”“拉拢合作”还是“中间平衡”的经济策略，都不会超出日本同盟体系的战略框架，也不会改变与中国竞争性协调关系的实质。深化与亚太国家的经济合作关系，既是日本的FTA战略目标，也是实现其目标的战略方法。不过，日本在推进经济外交战略时面临着内外结构性障碍，在多大程度上能达成目标仍是未知数。

RCEP对中国经济外交战略的实施也有着十分重要的意义。中国可以借此平台和契机提升经济实力，对内与经济结构性改革相衔接，对外发挥经济影响力，积极融入国际和地区经济体系，为本国可持续发展、区域经贸合作以及全球经济秩序变革等多个方面做出一定贡献。中国应该对日本的评价和提出的问题予以足够的重视，清晰地研判目前的国际形势，及时应对国际经贸环境的不确定性。在此提出几点切实可行的建议：

第一，积极响应习近平主席在亚太经合组织第27次非正式领导人会议

① DIAMOND，「中国と韓国かRCEPに込めた真の狙い、日本はとう振る舞うへきか」，2020年11月24日，https：//news. yahoo. co. jp/articles/6a44f8fe38d2103316216856fe4d8fc6c1cd9cde，登录时间：2020年12月21日。

上的讲话精神："推动贸易投资自由化便利化和经济技术合作两个轮子一起转，努力实现优势互补和均衡发展。"[①] 对内应该使 RCEP 配合国内产业结构调整和升级，主动改变中国长期以来处在低端产业链环节的被动地位。通过发展高新技术产业，鼓励优势产业"走出去"与国际先进科技接轨，与走在科技前沿的国家进行竞争与合作，以局部竞争带动国内产业健康发展，推动改革向纵深发展；以合作实现互利共赢，推动经济和科技双循环发展。

第二，严格监督 RCEP 条款的具体实施，推动将其落到实处，避免造成国际贸易争端。在国内国外进行有效、合理的宣传，引导国内企业遵守并利用好 RCEP 中的优惠条款扩展国际贸易范围，鼓励国外企业入驻中国，同时处理好外国企业与政府和国内企业的关系。确保 RCEP 规则与 WTO 体制进行有效衔接，充分发挥 RCEP 规则对 WTO 规则的补充作用。在涉及核心利益和底线问题上，绝不盲目妥协。

第三，学习和总结有关 RCEP 谈判和制定规则条款的经验，尤其是在中国仍有欠缺的服务贸易、电子商务和知识产权等新兴领域上。同时也要研究和借鉴 CPTPP 等高标准的区域自由贸易协定，以开放和自信的姿态参与区域经济合作。尝试将"一带一路"建设与亚太区域经济合作进行对接，充分发挥地缘优势，构建以中国为核心的自由贸易区。

Japan's Perceptions and Evaluations of Regional Comprehensive Economic Partnership

Zhao Yizhen　Dai Yi

Abstract　Japan is one of the initiators of the Regional Comprehensive Economic Partnership (RCEP). This article summarizes and analyzes the perceptions and evaluations of Japanese government officials, think tank experts, and main-

① 《携手构建亚太命运共同体——在亚太经合组织第二十七次领导人非正式会议上的发言》，中国政府网，2020 年 11 月 20 日，http：//www. gov. cn/gongbao/content/2020/content_5567740. htm，登录时间：2021 年 8 月 12 日。

stream medias on the clauses of RCEP, Japan's economic and diplomatic strategies, as well as economic relations in the Asia-Pacific region. The study finds that Japan has a positive evaluation of RCEP and believes that RCEP is consistent with the economic, political and diplomatic goals of the Japan's FTA Strategy. The RCEP clauses have basically met its economic expectations. Japan hopes to deepen economic cooperation with East Asian countries such as China and ASEAN by improving the details of the clauses. Under the RCEP framework, competition and cooperation coexist in the Asia-Pacific region's economic relations, and Japan's cognition and strategic choices are complex and multi-faceted. It respectively adopts an "institutional balancing" strategy against China, an "inductive cooperation" strategy toward other economies such as ASEAN, and an "intermediate balancing" strategy against the United States, thus trying to dominate the specific implementation and development trend of RCEP. In this regard, China should pay full attention and actively respond to it.

Key Words RCEP; Japan; Economic Cooperation; Asia-Pacific Regional Economic Relations

Authors Zhao Yizhen, Graduate Student at School of Politics and International Studies, Central China Normal University; Dai Yi, Professor and Ph. D. Supervisor at School of Politics and International Studies, Central China Normal University.

会议综述

Conference Review

金融与计算的交叉学科研究：“金融与计算论坛 2021”会议综述

梁晓绯 张钰茁

【摘要】2021 年 6 月 19 日，“金融与计算论坛 2021”在广西大学主会场和北京分会场采用线上线下联动方式举行，70 余名来自金融和大数据领域的专家、学者参加本次论坛。本次论坛以“金融与计算的交叉学科研究”为主题，以主题报告和分组报告的形式对金融与计算的关系、金融与计算所面临的挑战以及促进金融与计算融合的措施进行了分享与讨论，取得了诸多成效。本文对与会专家、学者的观点进行综述。

【关键词】大数据　计算方法　金融科技　人工智能

【作者简介】梁晓绯，广西大学国际学院行政助理；张钰茁（通信作者），广西大学中国—东盟信息港大数据研究院行政助理。

随着互联网、大数据以及人工智能技术的发展，金融业态发生了深刻的变革，现代金融呈现出高复杂性、大规模性、多因素性等特征，计算成为解决问题的重要手段，是提升金融业市场化程度、促进金融服务体系完善的重要举措，金融与计算深度交叉和融合研究的意义重大。在此背景下，2021 年 6 月 19 日，由中国智能计算产业联盟、ACM 中国高性能计算专家委员会、中国—东盟区域发展省部共建协同创新中心主办，广西大学中国—东盟信息港大数据研究院、中国科学院计算机网络信息中心、中国—东盟金融合作大数据平台开发与应用课题组、北京中科超算信息咨询有限公司共同承办的金融与计算论坛在广西大学主会场和北京分会场通过线上线下联动方式举行。本次论坛是为了充分发挥优势学科的带动作用，推进中国金融与计算的交叉学科研究。

一　开幕式致辞

“金融与计算论坛”开幕式于 2021 年 6 月 19 日上午在广西大学国际学院举行。中国科学院计算机网络信息中心副总工、研究员陆忠华主持开幕式，出席开幕式的领导与嘉宾有：广西大学副校长、国际学院院长范祚军教授，中国科学院计算机网络信息中心总工程师、中国超级计算创新联盟秘书长迟学斌研究员，中国科学院计算机网络信息中心高性能计算技术与应用发展部主任金钟研究员，中国科学院计算技术研究所研究员、中国计算机学会高性能计算专业委员会秘书长张云泉，中央财经大学金融学院教授贺强，清华大学交叉信息研究院长聘副教授、清华大学金融科技研究院副院长兼区块链研究中心主任徐葳，天津财经大学教授张书华，中国人民大学数字治理及数字经济研究中心研究员、中关村大数据产业联盟副秘书长颜阳，中科院大学金融科技研究中心教授马光悌，人工智能平台创新型企业山景智能研发副总裁王鹏程，中国科学院网络信息中心客座研究员、北京智速科技有限公司首席执行官王子田，中国科学院计算机网络信息中心助理研究员李晨。

广西大学副校长、国际学院院长范祚军教授，中国科学院计算机网络信息中心总工程师、中国超级计算创新联盟秘书长迟学斌研究员，中国科学院计算机网络信息中心高性能计算技术与应用发展部主任金钟研究员分别致开幕词。范祚军副校长表示，为了推动学科交叉融合发展，广西大学依托“部区合建”世界一流建设学科“应用经济学”建立了中国—东盟研究院、中国—东盟大数据信息港大数据研究院、中国—东盟金融合作学院等服务于国家和地方开放发展的研究平台，努力推进金融与计算领域产学研用深度融合。迟学斌研究员介绍了往届论坛的举办历程，并表示金融领域和计算的融合对当前中国的金融服务体系意义重大。金钟研究员介绍了此次论坛的背景，强调了超级计算的重要性，并指出推动国内金融行业发展需行稳致远。

二　金融与计算的关系

9 位来自国内金融与计算行业的专家学者聚焦金融与计算领域前沿和

热点提出了自己的见解，探讨了不同计算方式在金融领域的应用，诠释了多种计算方法对于金融行业的重要性。

（一）计算在金融领域的创新应用

中国科学院计算技术研究所研究员、中国计算机学会高性能计算专业委员会秘书长张云泉指出超级计算在当今社会各行业中的重要性，并通过列举“十一五”“十二五”期间国家“863”计划所支持的“神威”“天河”“曙光”等超级计算机说明中国超算系统整体研发水平迈入世界领先行列。张云泉研究员比较了中国超算（High Performance Computing，HPC）前100强行业应用领域机器系统份额，指出高性能计算为解决国家经济建设、科学进步、国家安全等一系列重大挑战性问题提供了不可替代的重要手段。

中央财经大学金融学院教授贺强指出了“计算”在通货膨胀中的重要性，通过对比中美两国经济受2020年新冠肺炎疫情影响的情况，表明由于中美经济管控政策的不同，美国经济受到了极大的冲击而中国的通货“膨胀”不起来。就此问题，贺强教授给出了诸种原因，例如由于房地产规模的不断扩大，大量资金流入房地产而没有进入股市，因此实体经济发展不起来。贺强教授认为，通货膨胀不是理论问题，而是计算的问题，因此从微观（通货膨胀）到宏观（金融行业）都应该重视“计算”的作用。

为了更好地探讨计算在金融领域的运用，天津财经大学教授张书华认为比特币交易网络的偏微分方程（Partial Differential Equation，PDE）模型能够预测比特币的价格变动，认为在过去的10年中，区块链技术及包括比特币在内的数字加密货币在金融行业受到了广泛关注，并通过分析比特币的子图或小链，指出偏微分方程模型捕捉的交易模式对比特币价格的影响，强调了计算模型对金融行业的影响。

中国科学院网络信息中心客座研究员、北京智速科技有限公司首席执行官王子田结合国内的实践经验，介绍了量化交易在国内发展的路线、衍生的类别。王子田表示量化交易已经运用到了个人和金融机构中，中国的量化投资已呈现出更大、更强、更广和更快的产业趋势，并认为量化交易能够在金融行业中实现超大组合优化以获得更优的风险比，进而能够为客户的高维投资提出更科学、更有效的完整解决方案。

中国科学院计算机网络信息中心助理研究员李晨指出，在当今高度不确定的金融市场环境下，社会保障基金、企业年金、养老金、主权财富基金和外汇储备等参与资本市场投资都需要科学的投资管理决策支持，因此，投资组合优化模型及其并行求解算法对金融市场尤为重要。基于此，李晨介绍了优化模型相关进展并讨论了复杂金融市场环境下的投资组合优化建模及并行算法构建，表明了投资组合优化模型及并行算法在金融领域中不可或缺的地位。

（二）大数据智能化融合创新的算力经济时代

中国科学院计算技术研究所研究员、中国计算机学会高性能计算专业委员会秘书长张云泉参照国家信息中心信息化和产业发展部联合浪潮在2020 年 12 月 10 日发布的《智能计算中心规划建设指南》（下称“指南”），指出云计算和人工智能的融合创新，认为算力经济时代已经到来。由于指南中所提到的算力、数据、算法三个基本要素的有机融合，张云泉认为，在当今金融行业中，需要大数据、云计算、区块链三者共同运作、相辅相成，同时运用人工智能推进金融业务转型升级。

中国人民大学数字治理及数字经济研究中心研究员、中关村大数据产业联盟副秘书长颜阳从数据要素与金融科技的关系切入，认为当前大数据的应用在各行各业都逐渐进入深水期，行业数据的价值化成为探索创新发展的新目标。颜阳指出，大数据、云计算、人工智能、区块链、量子计算等多种计算方法共同构成金融科技核心技术，认为金融产业需要计算技术创新与金融业务的深度融合，以此来加速金融领域的不断发展。

中科院大学金融科技研究中心教授马光悌认为金融业与大数据密不可分，认为数字化生存是当今社会的趋势，任何行业、产业都需要适应其发展，金融行业也不例外。马光悌强调大数据技术的应用至关重要，其在金融领域已演变成一种特技——金融科技，同时金融领域已在数字化的引领下不断发展壮大，如区块链、数字货币和人工智能等。

人工智能平台创新型企业山景智能研发副总裁王鹏程从人工智能的角度出发，探讨人工智能与金融的关系以及给金融带来的改变，认为人工智能能够改变金融业的发展，例如智能营销（信用卡的分期付款）、智能风控（征信体系的成熟）和随处可见的智能（业务中的人脸识别）。通过分析实时计算，王鹏程表示相比大数据体系而言，实时计算更加追求时效性，通过人工智能和实时计算的结合，能够有效地促进模型开发、获得优异的模型效果以及创造高速迭代的模型。

三　金融与计算交叉融合研究面临的挑战

各位专家学者在金融和计算两个方面有着深入的思考和一定程度的研究实践，不仅深入分析了金融与计算之间的关系，也就金融与计算交叉学科研究所面临的挑战与机遇展开讨论。

（一）人工智能与计算的融合创新

中国科学院计算技术研究所研究员、中国计算机学会高性能计算专业委员会秘书长张云泉就算力经济时代下的超算与人工智能融合创新作了发言，并根据超算世界前500强和中国前100强排行榜的数据总结和分析了超级计算的若干发展趋势，指出中国超算系统整体研发水平迈入世界领先行列，通过超级计算和人工智能的融合创新，智能计算成为当前的新热点和新机遇。在算力经济时代下，超级计算和人工智能的融合创新体现了新价值，但也面临新的挑战，因此应该通过尽快建立新的算力产业商业模式和评价体系，指导算力经济健康发展。

人工智能平台创新型企业山景智能研发副总裁王鹏程主要阐述了实时计算和人工智能的结合给金融创新带来的机遇和挑战，认为人工智能在智能营销、智能风控等方面给金融领域带来了巨大的变革，并通过对传统数据体系构建的不足引出数据实时化的趋势。王鹏程认为从发展趋势来看，人工智能和实时计算将成为未来银行的基础能力，但两者的结合也面临很大挑战。首先，实时计算的开发和维护成本较高；其次，在人工智能过程中时序特征的构建也面临巨大的难点，在训练模型和线上预估方面，很难做到线上和线下的一致性；最后，对于模型的快速更新迭代的需求较高，需要更高时效的数据准备和预热，在平滑的模型线上升级存在一定的困难。

（二）数字时代下的大数据与金融科技

无锡数字经济研究院执行院长吴琦主要阐述了大数据的发展趋势与应用前景，指出从国内外来看，研究发展大数据技术、运用大数据推动经济发展、完善社会治理、提升政府服务和监管能力正成为趋势。目前已有众多成功的大数据应用，但就效果和深度而言，其应用尚处于初级阶段，根据大数据分析预测未来、指导实践的深层次应用将成为发展重点。

清华大学交叉信息研究院长聘副教授徐葳从理论到实践方面，重点阐述了数据流通共享难的问题，介绍了能够做到数据“可用不可见”的技术和这些技术支撑数据流通所遇到的主要挑战。徐葳指出，数据的特点是流通速度快，是最容易流动的要素，导致的结果就是出现“择数据而产”的低效状态。目前，技术上面临的挑战从如何建设一个多方计算的系统转变为如何建设数据流通技术设施，要解决这一问题，就需要结合多方计算系统的工程化实现的经验，进一步探讨此类系统的性能、可管理性和编程接口等方面的设计。

中科院大学金融科技研究中心教授马光悌主要围绕数字化生存下的几个金融问题作了报告，并提到互联网的发展把人们带进数字化的时代，互联网成就了大数据，而数据延伸的意义在于使数据发挥作用。数据流通在给人们带来便捷高效的同时也带来了一定的负面作用，例如隐私暴露、安全问题等，因此在数字时代如何生存成为当前所面临的问题。此外，互联网和大数据技术正在使金融行业发生变革，同时也改变着货币，货币正朝着数字化演变，这一过程是充满了曲折和挑战的。

（三）投资组合模型与优化技术

中国科学院计算机网络信息中心助理研究员李晨就投资组合优化技术研究作了报告。其报告指出，由于金融市场具有国际化、自由化、证券化的主流趋势，因此建立适合金融市场的模型比以前更复杂困难。金融市场未来存在着诸多不确定因素，这给资产收益等模型输入参数的预估带来一定的困难。随着金融市场复杂化程度的提升，投资者常常需要面对数百个至数千个可用资产进行投资选择，模型计算量随之大幅提升，对金融领域中庞大的数据量也会造成一定程度的干扰。面对这一系列挑战，国际金融投资机构对高性能计算技术的需求强烈，而且增长极快。目前高性能计算技术已成为金融行业的核心竞争力。

四　促进金融与计算交叉融合的措施

关于人工智能与实时计算的融合方面，人工智能平台创新型企业山景智能研发副总裁王鹏程在其报告中指出，目前人工智能和实时计算的结合具有明显优势，例如高效的模型开发，优异的模型效果以及线上高速模型的迭代，但二者的结合也带来了相应的挑战。王鹏程指出可以通过面向企业提供“数据 + 人工智能 + 业务”端到端的超自动化平台及解决方案，帮助企业实现数字化转型，提升组织运营效率和企业业务价值。例如，创建流式计算引擎，能够有效解决实时计算以及工作报表中的问题。此外，针对人工智能领域人才匮乏的难题，可以利用自动机器学习平台将人工智能普及化，高效地解决一个“从无到有”的问题。

关于数据与金融科技的融合方面，中国人民大学数字治理及数字经济研究中心研究员、中关村大数据产业联盟副秘书长颜阳主要从数据流通、金融科技到金融监管以及生产交易的各个环节，阐述了如何让数据更加有序的开放和共享。颜阳在其报告中指出，在互联网时代，大数据的应用逐渐进入深水期，目前仍然面临着数据在流通过程中存在权属不清，交易难的问题，行业数据的价值化也成为探索创新发展的新目标。要推进数据流通和金融科技之间的融合，一方面，需要深度应用互联网、大数据、人工智能等手段，支撑传统基础设施转型升级，使得企业内部“数尽其用”；另一方面，需要遵照监管要求，实现监管科技的突破，让数据能够有序地开放和共享。通过技术与业务的深度融合，促进产业有效地形成“生产、流通、交易”的商业闭环，不仅仅在金融企业里，还要与行业和政府结合起来形成一个完整的数据生态体系。

清华大学交叉信息研究院长聘副教授徐葳在其报告中就数据流通困难的问题提出了解决措施：第一，数据要素流通的主体是数据的使用价值。要实现数据要素的流动，使得社会生产效率最大化，金融行业可以实施企业内部、外部“双循环”的数据管理模式。其次，要让数据在阳光下流通，也就是更具有可监管性，参与计算的数据需要存正，要能被监管方“看见”，需要支持事后的审计、举证。最后，应该支持数据交易网的有机增长，实现互通有无。不同行业、地区的数据交易中心，通过有机增长形成一张网，系统间要能互联互通，有机生长。

关于投资组合的优化方面，中国科学院计算机网络信息中心助理研究员李晨在其报告中介绍了高性能投资组合优化平台（High-Performance Portfolio Optimization Platform，HPPOP）。面向数量化投资管理中投资决策对高性能计算和实时性等方面的需求，为金融从业者和研究人员提供投资研究和组合分析、交易模拟以及实时交易服务。

关于区块链技术与比特币方面，天津财经大学教授张书华首次尝试将偏微分方程模型应用于比特币交易网络的预测，提出了一种基于比特币交易网络的偏微分方程模型来预测比特币的价格变动。张书华认为，谷歌趋势指数也被纳入了偏微分方程模型中，以反映比特币市场情绪的影响。实验结果表明，偏微分方程模型能够预测比特币的价格变动。

五　结语

随着互联网、大数据、云计算、人工智能、区块链等信息技术的快速发展及广泛应用，当今社会不仅仅是一个以全球经济一体化为世界经济发展潮流的社会，而且是一个以网络经济为主要经济发展特征的高科技社会。在此社会背景之下，金融行业亦愈来愈呈现出多样性和高复杂性的特点。因此，大数据计算方法逐渐成为金融行业重要的分析手段，成为解决金融问题不可或缺的一部分。作为“金融与计算论坛 2021”系列论坛之一，本次论坛以“金融与计算的交叉学科研究”为主题，诚邀国内杰出的专家学者围绕适用于金融的大数据计算方法、金融与计算所面临的挑战以及促进金融与计算交叉融合的措施，各抒己见、凝聚共识，为金融行业适应当前社会发展提供思路。

Interdisciplinary Research in Finance and Computing: A Review of the Finance and Computing Forum 2021

Liang Xiaofei　Zhang Yuzhuo

Abstract　On June 19, 2021, "Finance and Computing Forum" was held in the main venue of Guangxi University and the sub-venue of Beijing by the combination of an online and offline way. More than 70 experts and scholars from the field of finance and big data attended the conference. With the theme of "Interdisciplinary Research of Finance and Computing", the forum was divided into three sections, including the relationship between finance and computing, the challenge of financial technology faced and the solutions to promote the integration of finance and computing. It was presented by the form of the special report and the group report and has made multiple achievements. This paper is a review of the main viewpoints and perspectives from experts and scholars at the forum.

Key Words　Big Data; Calculation Method; Financial Technology; Artificial Intelligence (AI)

Authors　Liang Xiaofei, Administrative Assistant, International College of Guangxi University; Zhang Yuzhuo, Administrative Assistant, China-ASEAN Collaborative Innovation Center for Regional Development Co-constructed by the Province and Ministry of Guangxi University.

附　录

Appendix

中国—东盟区域发展省部共建协同创新中心简介

中国—东盟区域发展省部共建协同创新中心的前身是中国—东盟区域发展协同创新中心。中国—东盟区域发展协同创新中心由广西壮族自治区人民政府主导，联合中共中央对外联络部、外交部、商务部、中国农业银行，由广西大学牵头，协同国内外重点高校、重要科研院所共同组建。中心以打造“国家急需、世界一流、制度先进、贡献重大”的中国特色新型高校智库为目标，致力于发展中国—东盟领域政治、经济、国防、外交等重大问题的合作与创新研究，培养“东盟通”特殊人才，服务“一带一路”倡议等国家政策。

中国与东盟的合作虽然取得了巨大的成就，但随着外部环境和外生因素的变化，新问题也层出不穷，严重影响和制约着中国与东盟国家在政治和经济领域的合作与发展。为加强对中国—东盟区域发展重大理论与实践问题的综合研究，为中国—东盟命运共同体建设、中国—东盟关系发展提供理论支持、政策咨询和人才支持，中心于 2015 年 3 月 15 日在北京举行了第二轮组建签约。

第二轮组建签约后的中国—东盟区域发展协同创新中心由 28 个单位构成。主要包括牵头单位广西大学，核心单位 10 家（云南大学、暨南大学、南开大学、对外经济贸易大学、西南交通大学、中国人民解放军国防大学战略研究所、中国社会科学院亚太与全球战略研究院等），支撑单位 6 家（外交部亚洲司、外交部政策规划司、商务部亚洲司、商务部国际贸易经济合作研究院、中共中央对外联络部当代世界研究中心、广西壮族自治区

图 1　中国—东盟区域发展省部共建协同创新中心组建签约仪式

人民政府办公厅)，成员单位 11 家［南京大学商学院、外交学院亚洲研究所、中央财经大学金融学院、中国人民大学国际关系学院、厦门大学东南亚研究中心、中国—东盟商务理事会、安邦咨询公司、东中西区域改革和发展研究院、广西国际博览事务局（中国—东盟博览会秘书处)、广西金融投资集团、中马钦州产业园区管委会］。2019 年 9 月，中国—东盟区域发展协同创新中心被教育部认定为省部共建协同创新中心（下文称“协同创新中心”)。

协同创新中心依据《理事会章程》要求，围绕中国—东盟命运共同体间“讲信修睦”“合作共赢”“开放包容”的建设目标，秉承“精简、高效”的原则，实行理事会领导，学术委员会对学术问题把关的中心主任负责制。

发展目标

中国—东盟区域发展省部共建协同创新中心的建设，将以国家和东盟区域发展的重大需求为导向，以中国—东盟全面战略合作伙伴关系发展中的重大协同创新研究任务为牵引，以服务中国—东盟区域发展实践和理论创新重大需要为宗旨，提升科研、学科、人才“三位一体”创新能力，优化国际问题研究全方位创新环境，努力将中心建设成为集科学研究、学科建设、人才培养、智库建设、体制创新于一体，世界一流的区域发展理论创新高地、政策咨询智库和人才培养基地，打造中国高校特色新型智库，使中国—东盟区域发展省部共建协同创新中心成为具有国际重大影响的学术高地。

● 科学研究

世界一流的区域发展理论创新高地。中共中央对外联络部、外交部、商务部和广西壮族自治区人民政府的共同支撑将在科研上体现创新。建立知识创新机制、体制创新机制，营造有利于协同创新机制形成的环境和氛围，打造中国高校特色新型智库。

● 学科建设

建成中国—东盟区域发展国家特色学科。在研究的过程中，协同创新中心将凝练学科方向，汇聚学科队伍，构筑学科基地，制定学科建设规划，创新研究成果，形成新学科课程基础，有计划地举办全国或国际学术会议、接受国内外同行研究人员参与相关项目研究，发挥对外学术交流窗口作用，努力将创新中心建成本学科的全国学术交流和资料信息高地。

● 人才培养

国际知名的创新型人才培养基地。“7 校 2 院、2 央企”的协同机制，并有 5 所高校作为成员单位加入，实现人才培养“需求与供给”对称，可以建立跨国家、跨学科、跨学校、跨领域的人才培养平台。

● 智库建设

国际著名的中国特色新型智库。中国—东盟区域发展省部共建协同创新中心科研团队的组建涉及党、政、军、学、研、企各行业，既有理论研究人员，又有实践部门的案例支持，科研成果的决策应用性将更加突出“政、产、学、研、用”一体化试验田。机制创新、制度创新作为协同创新中心建设的关键，可以为人文社科领域科学研究开设试验田，在探索高等学校科研体制改革方面发挥示范和辐射作用。

平台与研究团队集成

中国—东盟区域发展省部共建协同创新中心围绕“讲信修睦”“合作共赢”“守望相助”“心心相印”“开放包容”中国—东盟命运共同体目标，加强 10 个创新平台建设。协同机制形成后，将集中形成 6 个研究团队。这 6 个研究团队集成，共有 49 支研究团队，分别由协同创新中心主任、首席科学家担任主要负责人，分布在 10 个协同创新平台。

协同创新中心打破协同单位原有界限，实行“校校协同”“校院协同”“校所协同”，以课题和任务为纽带，形成“你中有我、我中有你”的紧密型合作。为了充分调动协同单位的积极性和创造性，增强责任感，充分发挥协同高校在基本理论研究、人才培养、学科建设方面的优势，中共中央对外联络部、外交部、商务部和广西壮族自治区人民政府、中国社会科学院在科学研究、政策咨询方面的优势，以及中国农业银行、国家开发银行在现实案例、数据库建设方面的优势，我们对各协同单位在建设中的分工都有所侧重。

广西大学国际学院简介

广西大学国际学院成立于2018年6月。由原中国—东盟研究院、中国—东盟学院、中加国际学院、国际教育学院、广西大学复杂性科学与大数据技术研究所5个单位整合而成。作为广西大学最年轻的学院，国际学院承担着广西大学国际化战略的重要任务。目前，国际学院主要负责广西大学与美国、法国、加拿大等国知名大学的交流与合作。项目包括中加国际学院、中美“3+1”本科、中美“3+1+1”本硕连读、中法“1.5+3.5”本科等。同时，学院还负责全校留学生的招生与管理、对外汉语教学等国际教育事务。

学院的发展得到了广西大学的高度重视。广西大学副校长范祚军教授兼任首任院长，覃成强教授任学院党总支部首任书记，王玉主研究员任执行院长。各级领导多次到学院检查和指导工作，为学院的发展带来了强大的动力。

学院目前拥有教职工123名，其中中方教职工115名，外籍教师8名；在读中国学生775名，其中博士研究生17名，研究生39名，本科生719名。截至目前，学院负责招收管理全校留学生2251名，招生规模特别是留学生数量呈逐年递增趋势。

学院是广西大学国际化的窗口。学院结合区域发展趋势，坚持特色化办学、国际化发展的定位，不断融合先进办学理念，创新人才培养模式，为区域社会经济文化发展服务，利用自身国际化水平以及科研平台优势，向建设一流学院不懈努力（数据截至2020年7月）。

广西大学中国—东盟研究院简介

广西地处中国面向东盟开放的前沿地带，具备与东盟国家陆海相邻的独特优势，正积极构建面向东盟的国际大通道，打造西南中南地区开放发展新的战略支点，形成“一带一路”倡议有机衔接的重要门户。习近平、李克强等党和国家领导人曾多次作出重要指示，肯定广西在中国—东盟合作中的重要地位，并明确要求广西要积极参与中国—东盟自由贸易区、泛北部湾合作、GMS 次区域合作，充分发挥中国—东盟自由贸易区前沿地带和“桥头堡”作用。2005 年，时任自治区党委书记刘奇葆作出指示：“要加强对东盟的研究，找到合作的切入点，认真做好与东盟合作的战略规划，提出行动计划。”时任自治区党委副书记潘琦、自治区人民政府常务副主席李金早作出批示，批准广西大学联合广西国际博览事务局，整合全区高校和相关部门的研究力量，在原广西大学东南亚研究中心（1995 年成立）的基础上，成立中国—东盟研究院，为正处级独立建制，以东盟经济问题为切入点，研究中国—东盟双边贸易以及 CAFTA 建设中的重大理论、政策及实践问题，并在此基础上辐射至中国—东盟关系研究。

2005 年 1 月中国—东盟研究院成立时，下设中国—东盟经济研究所、中国—东盟法律研究所、中国—东盟民族文化研究所，主要研究方向涉及中国—东盟关系及东南亚国家的经济、法律、文化及民族等方面的问题。为适应中国—东盟关系的发展变化，2011—2013 年中国—东盟研究院进一步细化研究领域，强化研究深度，调整运行架构，将机构设置增加、调整为 10 个国别（越南、缅甸、老挝、泰国、文莱、新加坡、马来西亚、印度尼西亚、菲律宾、柬埔寨）研究机构和 10 个专业研究机构（中越经济研究院、广西大学 21 世纪海上丝绸之路研究中心、澜沧江—湄公河经济带研究中心、中国—东盟产业发展与生态环境研究中心、国际关系研究所、民族与文化研究所/骆越文化研究中心、法律研究所、中马产业园研究中心、中国—东盟战略研究所、中国—东盟财政金融政策研究中心），并启动建设中国—东盟研究国际在线研讨平台和中国—东盟全息数据研究与咨询中心，强化科研基础设施建设。

2013 年 6 月 1 日，中共中央委员、广西壮族自治区党委书记、自治区人大常委会主任彭清华同志就中国—东盟重大课题研究和中国—东盟研究团队、研究机构的建设与发展作出重要指示："广西大学中国—东盟研究院，在高校里很有特色，有独特的地位。广西在中国—东盟关系里面，不管是一个桥头堡还是一个开放前沿，都有一个独特的区位优势，我们把广西大学中国—东盟研究院办好，加强科研团队建设，有利于更好地发挥广西在发展中国—东盟合作关系中的作用。中国—东盟研究团队多年来积累了一些研究成果，对我们今后更务实、有效地改进中国—东盟、广西—东盟的关系很重要，希望继续把它做好。"

近年来，中国—东盟研究院以"长江学者""八桂学者"为重点目标，以"特聘专家"等方式引进国内外高校及研究机构的科研骨干，跨学科交叉组建研究团队。经过长期的建设发展，中国—东盟研究院已成为全国从事东盟领域研究人数最多的机构。

目前，中国—东盟研究院作为"自治区人文社科重点研究基地"，牵头建设中国—东盟区域发展省部共建协同创新中心，实施"中国—东盟战略伙伴关系研究'部、省、校'协同创新工程"，争取使"中国—东盟区域发展省部共建协同创新中心"进入国家级协同创新中心行列。在此基础上，中国—东盟研究院拟申报成为"教育部人文社会科学重点研究基地"，未来将为中国—东盟关系领域的全面研究提供更广阔的平台。

广西大学中国—东盟研究院立足地缘和区位优势，研究中国—东盟双边贸易以及 CAFTA 建设中的重大理论、政策及实践问题，在国内乃至东盟国家有重要影响。以广西大学中国—东盟研究院为主要建设载体的"中国—东盟经贸合作与发展""211"重点建设学科群已经成为广西该领域独占鳌头的强势学科，主要学科（专业）建设或研究方向已经达到国内领先水平。

广西大学中国—东盟研究院获得全国东盟研究领域第一个教育部哲学社会科学研究重大课题攻关项目和第一个国家社科基金重大项目，开创了广西人文社会科学研究的里程碑，成为中央有关部委、自治区党委、政府及其相关部门、地方各级党委、政府的重要智囊单位，研究成果或入选教育部社会科学委员会专家建议、中共中央对外联络部、教育部内参和成果摘报，或获得党中央、国务院和自治区主要领导批示，在学术界和社会上有较大的影响，研究成果居国内领先水平。

展望未来，中国—东盟研究院将本着跨学科、跨区域、跨国家的开放式研究平台建设思维，整合国内外该领域研究力量，创新科研团队形成机制，融合政治学、历史学、民族学等多个边缘学科，研究中国—东盟关系问题，并扩展到跨国界区域性国际经济合作理论与实践问题。“中国—东盟区域发展”作为应用经济学一级学科的新设二级创新学科，以博士点和硕士点建设为契机，以“中国—东盟关系与区域发展”作为研究对象，试图形成完整的中国—东盟关系多学科互动研究体系，使本团队的理论研究具有前沿性、基础性、支撑性。

广西大学中国—东盟信息港大数据研究院简介

中国—东盟信息港大数据研究院（中国—东盟大数据研究院，以下简称“研究院”）于2018年正式成立。研究院围绕中国—东盟合作大数据建设和中国—东盟信息港建设，整合政府、高校、科研机构及企业等多方资源，充分利用云计算、物联网、大数据等新一代信息技术，以产学研相结合的模式着力构建国家一流大数据创新性平台，推动先进信息科学技术嫁接金融、对接产业、服务实体经济，以推动广西信息化、数字化建设，加快产业转型升级、培育战略性新兴产业、深化供给侧结构性改革，进一步提升广西开放合作水平，落实习近平总书记视察广西时提出的“夯实提升中国—东盟开放平台”新要求，支撑国家“一带一路”倡议伟大构想。

研究院主要围绕以下几个方面展开工作：

1. 重点开展中国—东盟大数据平台建设。通过数据库建设，建成服务中国—东盟合作的数据中心，支撑中国—东盟信息港大数据中心建设，充分迎合“一带一路”建设、大数据发展战略等国家需求。

2. 提供政策研究和决策咨询服务。研究院致力于推动“一带一路”倡议、中国—东盟共同体建设、中国—东盟信息港建设的政策研究，运用数据挖掘技术辅助经济运行分析决策、依托人工智能技术打造东盟数字化新型智库，为中国—东盟信息互联互通、广西信息产业体制机制创新提供政策依据和参考。

3. 打造高端科研平台，聚集一流大数据研究人才。就中国—东盟信息港建设、人工智能、大数据技术等重要议题开展学术研讨会，进行定期或不定期的交流融合。通过搭建和打造多层次的高端学术交流平台，提供学术交流和思想碰撞场所，成为连接广西信息行业内外各界沟通交流的纽带和桥梁，促进理论与实践研究全面发展。

4. 联合开展实地调研和各层次课题合作。研究院立足中国—东盟信息港建设中面临的重大理论与现实问题，与各大政府机构、企事业单位联合开展实地调研，推进前沿性、系统性、顶天与立地相融合的科学研究。

5. 培养和输送高层次计算机人才，举办大数据方面专业培训。通过重大课题研究攻关、以老带新等方式，深化人才培养模式创新，扩大人才培养的规模，打造一支研究型、专家型、创新型、复合型智囊团队。通过举办相关培训和学术研讨交流会可以为计算机领域培养一批具有国际视野、兼具理论基础和实践经验的高层次大数据人才。

目前，研究院已建成“数据挖掘分析中心大数据实验室”，以“融合”的思维，实现大数据融合和办公空间融合，建成了一套大数据同平台共享，音视频信号互联互通、可知可感的现代智慧型大数据实验室，可以满足支持集中和分布式协同科研工作，具备了大数据平台部署的硬件条件和部分软件环境。已整合完成多个全球各大网站数据源，包括全球政治事件数据库、东盟十国（八个专题）爬虫数据库、全球盟约数据库、全球恐怖事件数据库、东盟十国日报周报月报数据库、世界银行数据库、联合国贸易数据库、舆情监测系统数据库等各类型数据资源，在东盟大数据采集、分析与挖掘方面取得了重要进展。建成了东盟舆情系统、“一带一路”舆情系统、东盟智能建模分析系统、机器视觉慧眼系统等平台，基于以上平台的建设成果，研究院充分利用丰富的数据资源以及专业的大数据挖掘分析技术提升智库服务水平，为政府部门开展中国—东盟合作、西部陆海新通道建设、面向东盟的金融开放门户建设、数字广西建设等提供了丰富的决策咨询报告。

2019 年研究院获批成为广西壮族自治区工程研究中心，被认定为第一批数字广西建设标杆引领重点支撑平台（大数据研发中心），“中国—东盟大数据研究”创新团队获批自治区“八桂学者”设岗团队。2020 年研究院被认定为数字广西建设优秀成果“数据挖掘分析人才聚集与培养基地”。

《东盟研究》征稿启事

《东盟研究》（原《中国—东盟研究》）是由中国—东盟区域发展省部共建协同创新中心主办、广西大学中国—东盟研究院承办的专业性学术刊物，于2017年正式出版发行，每年出版4辑，主要刊载国内外有关东南亚国别与地区、东南亚政治、经济、文化以及中国—东盟关系等领域的学术研究成果。本刊已获《中国学术期刊网络出版总库》及CNKI系列数据库收录。

《东盟研究》设有“特稿”“国别研究”“区域研究”“一带一路”“澜湄合作”以及“会议与文献综述”等栏目，正在寻找有风骨、有才情的作者，期待有态度、有腔调的文字，热诚欢迎海内外学人惠赐佳作。

为保证学术研究成果的原创性和严谨性，倡导良好的学术风气，敬请作者投稿时注意如下事项：

一、来稿请提供Word电子版，字数以10000—15000字为宜。

二、来稿请提供中英文题名、中英文摘要（200字左右）、中英文关键词（3—5个）以及中英文作者简介（包括姓名、工作单位、职务、职称、电话、电子邮箱以及详细通讯地址等信息）。

三、来稿请严格遵守学术规范，引用的文献、观点和主要事实必须注明来源。注释采用页脚注，小五号宋体，具体请参见“《东盟研究》引文注释规范”。

四、来稿其他规范包括：（一）字体：正文为五号宋体，题目为三号宋体加粗，一级标题为四号宋体加粗，二级标题为小四宋体加粗，行间距1.25倍。（二）编号：正文部分用一、二……（一）（二）……1、2……（1）（2）……编号法，依次类推。（三）图表：表格采用三线表，表名放在表格上方，图名放在图下方。

五、本刊对采用的稿件有修改权，若不同意，请来稿时注明。

六、本刊实行匿名评审制度，文责自负，切勿一稿多投。来稿一经刊用，即视为作者许可本刊使用该稿件的发表权、发行权、复制权、网络传播权等，文章发表后将获赠样刊两本，并酌情给予稿酬。

七、本刊恕不退稿。凡投稿两个月内未接到任何采用通知者可改投他刊。

八、本刊接收英文投稿，英文稿件将翻译成中文出版。

九、来稿请通过《东盟研究》投稿邮箱：zg-dmyj@ gxu. edu. cn 和知网投稿系统（http：//zdme. cbpt. cnki. net/）投稿。编辑部联系电话：0771－3232412。

《东盟研究》编辑部

附：《东盟研究》引文注释规范

1. 中文注释

对所引用的文献第一次进行注释时，必须将其作者姓名、文献名、出版社、出版时间、所属页码一并注出。具体格式举例如下：

（1）专著

王子昌：《东盟外交共同体：主体及表现》，时事出版社 2011 年版，第 109—110 页。

（2）译著

［美］汉斯·摩根索：《国家间的政治——为权力与和平而斗争》，杨岐鸣等译，商务印书馆 1993 年版，第 30—35 页。

（3）论文

徐步、杨帆：《中国—东盟关系：新的起航》，《国际问题研究》2016 年第 1 期，第 35—48 页。

（4）纸质版媒体

1）有作者（评论类）

邵宇：《中国重构对外资产负债表》，《上海证券报》2016 年 5 月 13 日。

2）无作者（新闻类）

《马哈迪畅谈马来人的新困境》，《南洋商报》2002 年 7 月 30 日。

2. 外文注释（以英文为例）

同中文注释的要求基本一致，只是论文名用引号，书名和杂志名用斜体。具体格式举例如下：

（1）专著

Robert O. Keohane and Joseph S. Nye, *Power and Interdependence: World Politics in Transition*, Boston: Little Brown Company, 1997, p. 33.

（2）论文

Amitav Acharya, "Ideas, Identity and Institution-Building: From the 'ASEAN Way' to the 'Asia-Pacific Way'?", *The Pacific Review*, Vol. 10, No. 3, 1997, pp. 319 – 346.

（3）文集中的论文

Steve Smith, "New Approaches to International Theory", in John Baylis and Steve Smith eds., *The Globalization of World Politics*, Oxford: Oxford University Press, 1998, pp. 169 – 170.

（4）报纸

"Laos-China Railway Project Construction Commences", *Vientiane Times*, December 3, 2015, p. 2.

3. 互联网资料注释

互联网资料格式参照以上中英文注释的要求，同时需要注明详细的网址以及登录时间。

（1）中文资料

1）有作者（评论类）

许宁宁：《中国与东盟走过了不平凡的 20 年》，新浪财经网，2011 年 7 月 28 日，http://finance.sina.com.cn/g/20110728/151310223248.shtml，登录时间：2015 年 9 月 6 日。

2）无作者（新闻类）

《越南吸引 354.6 亿美元外商直接投资》，越南通讯社，2018 年 12 月 27 日，https://en.vietnamplus.vn/vietnam-lures-3546-billion-usd-fdi/144240.vnp，登录时间：2019 年 1 月 4 日。

3）国家部委网页资料

《越南鼓励企业大力发展农产品加工业》，中华人民共和国商务部网站，2014 年 12 月 31 日，http：//www. mofcom. gov. cn/article/i/jshz/new/201412/20141200853990. shtml，登录时间：2018 年 4 月 4 日。

越南国家统计局：《越南统计年鉴 2017》，http：//www. gso. gov. vn/default_ en. aspx？tabid = 515&idmid = 5&ItemID = 18941，登录时间：2018 年 11 月 4 日。

（2）英文资料

1）评论性文章

Richard Heydarian，"Japan Pivots South，with Eye on China"，The Asia Times Online，January 26，2013，http：//www. atimes. com/atimes/Japan/OA26Dh01. html，登录时间：2015 年 12 月 22 日。

2）政府部门类

Australian Department of the Prime Minister and Cabinet，"Strong and Secure A Strategy for Australia's National Security"，January 2013，http：//www. dpmc. gov. au/national_ security/docs/national_ security_ strategy. pdf，登录时间：2018 年 12 月 14 日。

4. 硕博论文

张伟丰：《泰国能源研究》，2013 年云南大学博士学位论文，第 56 页。

《东盟研究》（曾用名《中国—东盟研究》）2021年总目录

《中国—东盟研究》2021 年 · 第一辑

《中国—东盟研究》2021 年·第二辑

《东盟研究》2021 年·第三辑

《东盟研究》2021 年 · 第四辑